DUMONT
*DIREKT*

# Elsass

Gabriele Kalmbach
mit Beiträgen von Susanne Tschirner

# Inhalt

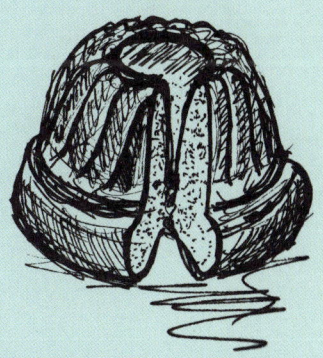

# Das Beste zu Beginn

**Dorfschönheiten**
Mit dem Label der »schönsten Dörfer Frankreichs« dürfen sich im Elsass fünf Dörfer schmücken: Riquewihr, Eguisheim, Hunawihr, Mittelbergheim und Hunspach. Sie alle liegen an der Route des Vins d'Alsace.

---

**Paddeln im Großen Ried**
Hätten Sie das gedacht? Ein besonders naturwüchsiger Teil des Elsass lässt sich auch vom Wasser aus erkunden (▸ S. 61). Entdecken Sie das Grand Ried (www.grandried.fr) mit dem Kanu auf eigene Faust oder bei geführten Touren und erleben Sie stille Momente in einer ganz besonderen Flusslandschaft!

---

**Verkauf beim Erzeuger**
Wer wie ich die »Wertarbeit« französischer Manufakturen schätzt, versorgt sich im Outlet von Staub (in Turckheim) und im Fabrikverkauf von Heschung (bei Dettwiller nahe von Saverne) mit hochwertigen Gusseisenbrätern für die Küche und mit edlen Lederschuhen.

---

**Lieber mit dem Rad unterwegs?**
Radeln fast ohne Steigungen – das geht ganz wunderbar auf der **Véloroute du Rhin** (EuroVelo 15) in der Rheinebene. Eine neue Perspektive auf die elsässische Weinstraße ermöglicht die **Véloroute du Vignoble** – teils radelt man auf stillgelegten Bahntrassen oder auf alten Römerstraßen durch die Weinberge, vorbei an Burgruinen und Fachwerkdörfern. Infos unter www.radfahren imelsass.de/de.

**Gerade gelesen**
Wer könnte besser als Tomi Ungerer zeichnend und schreibend vermitteln, was es heißt, zwischen Deutschland und Frankreich im Elsass aufzuwachsen? Die deutsche Fassung von »Die Gedanken sind frei: Meine Kindheit im Elsass« ist bei Diogenes erschienen. Übrigens: In Straßburg ist dem Karikaturisten und Schriftsteller ein eigenes Museum gewidmet (▸ S. 38).

**360 Grad**

Meine liebsten Stopps für schöne Ausblicke: die sich im Wasser spiegelnden Türme der Ponts Couverts von der Dachterrasse des Barrage de Vauban in Straßburg. Einer der Höhepunkte der Vogesen im wahrsten Sinne des Wortes ist der Grand Ballon (▸ S. 98). Unter den Burgen: Haut-Barr oberhalb von Saverne.

**Winzerkirche**

Inmitten der Weinberge von Hunawihr erhebt sich die der hl. Huna geweihte Wehrkirche. Die schöne Heilige, im Innern auf spätmittelalterlichen Fresken abgebildet, ist die Schutzpatronin der Winzer. Das malerische Dorf und sein renommierter Wingert mit etlichen Grand-Cru-Lagen sind für mich der Inbegriff des Elsass: Einen Katzensprung von den touristischen Hotspots wie Ribeauvillé und Riquewihr entfernt, hat sich Hunawihr über Jahrzehnte hinweg eine unaufgeregte Stille bewahrt.

**Auf ein Glas ...**

Umgangssprachlich Apéro genannt ist der Apéritif bzw. die l'heure de l'apéro in Frankreich eine Institution. Vor dem Abendessen, so ab 18 Uhr, trifft man sich im Bistrot auf ein alkoholisches Getränk. Ein nationaler Zeitvertreib, den ich mir im Nachbarland gerne abschaue.

**Ein erster Eindruck vom Elsass**

Als Standort zum Kennenlernen eignet sich Colmar: das fantastische Unterlinden-Museum, das malerische Viertel Petite Venise, Landpartien zu den Fachwerkorten an der Route des Vins d'Alsace, Wandertouren in den Vogesen oder durch die Weinberge – einfach großartig!

Für die Fachwerkromantik an der Weinstraße bin ich nicht unempfänglich, doch mindestens so reizvoll sind die Städte und Städtchen der Region, von Saverne und Wissembourg bis nach Mulhouse. Mein persönlicher Link: www.gabrielekalmbach.de

## Fragen? Erfahrungen? Ideen?

Ich freue mich auf Post.

*Mein Postfach bei DuMont:*
*g.kalmbach@dumontreise.de*

# Das ist das Elsass

Das Elsass – Alsace – ist Frankreichs kleinste Region. 170 km von Nord nach Süd und 50 km von West nach Ost erstreckt sie sich zwischen Lothringen im Westen, Deutschland im Norden und Osten und der Schweiz im Süden. Von der Rheintiefebene im Osten steigt das Elsass über die rund 500 m hohen Vogesenvorberge mit der Weinstraße bis zu den Vogesengipfeln an der Grenze zu Lothringen an.

## Nordelsass

Grenzübergreifend bis in die Pfalz reicht der Parc Naturel Régional des Vosges du Nord, der regionale Naturpark Nordvogesen Pfälzerwald. Die reizvolle Natur in dem um die 500 m hohen Mittelgebirge veranlasste die UNESCO 1989, das Gebiet zum Biosphärenreservat zu erklären. Zahlreiche mittelalterliche Burgen aus dem ortstypischen roten Sandstein liegen im dunklen Tannenwald, teils in den Fels gegraben. Kulturelle Höhepunkte sind Wissembourg (🕮 G 1), Saverne (🕮 C/D 3), Haguenau (🕮 F 2/3) und die romanische Abtei von Marmoutier. Obersteinbach eignet sich als Basislager für Wanderer, La Petite-Pierre ist das Wellness-Zentrum der Region.

## Straßburg und Colmar

In Straßburg (🕮 E/F 4/5), der Hauptstadt des Elsass und der Region Grand Est, konzentrieren sich mit Münster und Altstadt die bedeutendsten Sehenswürdigkeiten sowie die renommiertesten Museen der Region, hier breitet sich die vielfältigste Einkaufs-, Kunst- und Ausgehszene aus. In der mit dem Label des UNESCO-Weltkulturerbes geadelten Altstadt, in der wasserdurchzogenen Petite France und am Ill-Ufer stehen so viele historische Fachwerkbauten auf einem Fleck beisammen wie nirgendwo sonst im Elsass. Und der hungrige Besucher hat die Qual der Wahl zwischen urigen Winstubs mit deftigem Sauerkraut und durchgestylten Gourmetrestaurants. Ein Besuchermagnet ist auch Colmar (🕮 C/D 9): Nicht nur die Fachwerkidylle, sondern auch Grünewalds Isenheimer Altar und Schongauers Madonna im Rosenhag ziehen Kunstfans an.

## Die Weinstraße

Spötter behaupten, das elsässische Dorf, das nicht an mindestens einer *route touristique* liege, müsse erst noch gebaut werden. Tatsächlich sind die Themenstraßen in Frankreichs kleinster Region kaum zu zählen. Sie kreisen um Kunst und Natur – so die Romanische und die Vogesenkammstraße –, öfter jedoch ums leibliche Wohl: Tabak-, Sauerkraut-, Kirsch-, Munster-, Gebackene Karpfen-, Spargel-, Bier-, Schokoladenstraße. Dass das Elsass kein Geheimtipp, sondern ein touristisches Urgestein ist, hat seine Vorteile: Noch im kleinsten Ort findet man ein Bett und etwas zu essen. Die Route des Vins (🕮 D 4–B 11) von Marlenheim im Norden bis Thann im Süden ist eine der Hauptattraktionen des Elsass. Historische Weinorte mit spitzen Kirchtürmen, Storchennestern auf den roten Ziegeldächern und jeder Menge Probierstuben schmiegen sich an die sanft

*Herausgeputzt ist wohl das richtige Wort: Riquewihr zählt mit Ribeauvillé und Kaysersberg zu den schönsten und beliebtesten Orten an der Weinstraße.*

ansteigenden Weinberge – eine Gegend für Genießer. Der Weinbau prägt die Landschaft und die Lebensart im Elsass. Über 7000 Winzer kultivieren, meist im Familienbetrieb, ihre Rebstöcke und bringen deren Ertrag entweder in eine Kooperative ein oder vermarkten sie selbst. Von den Weinorten geht es dann noch ein paar Meter bergauf in den Vogesenwald, in dem zahlreiche Burgruinen aus dem Mittelalter thronen. Das vielbesuchte Dreigestirn der Weinstraße sind die Städtchen Ribeauvillé (🕮 C 8), Riquewihr (🕮 C 8) und Kaysersberg (🕮 C 8), etwas ruhiger geht es in den an Renaissancebauten und Fachwerkhäusern reichen Orten Turckheim (🕮 C 9) und Eguisheim (🕮 C 9) zu.

## Mulhouse, Vogesen und der Sundgau

Mulhouse (🕮 C 11/12), zweitgrößte Stadt des Elsass, galt einst als ›Manchester des Südens‹. Dabei sind die Fabriken, die die Stadt groß gemacht haben, längst zu spannenden industriegeschichtlichen Museen ›umgewidmet‹ worden. Doch Mulhouse bietet auch eine historische Innenstadt, eine dynamische Szene junger Kunst sowie gute Ausgehmöglichkeiten. Wie ein Schild schirmen die dicht bewaldeten Vogesenkämme auf einer Länge von etwa 170 km Weinberge und Tiefebene gegen die Regen bringenden Westwinde ab. Die höchsten Erhebungen liegen im Süden im Parc Naturel Régional des Ballons des Vosges, dessen bis knapp über 1400 m hohen Belchen-Kuppen und Gletscherseen in der Eiszeit geformt wurden. Der spektakulärste Teil der Vogesen lässt sich auf der Panoramastraße Route des Crêtes (🕮 B 8–B 11) erkunden, deren quasi alpine Hochweidenlandschaft Wandern und sonstige Sportarten begünstigt. Der Sundgau (🕮 C/D 13/14) im Dreiländereck zur Schweiz ist eine ländliche, teils sehr idyllische Mikroregion, in der man rustikal speist und, vor allem im Elsässer Jura kurz vor der Grenze, Burgruinen erwandern kann.

# Das Elsass in Zahlen

## 1,2

Kilo Choucroute/Sürkrüt verspeisen Elsässer pro Jahr, nur 900 g Sauerkraut verzehren die deutschen Bundesbürger, 4 kg die Polen, und dem Hörensagen zufolge verputzt jeder Koreaner 20 kg Kimchi pro Jahr!

## 2

Départements umfasst das Elsass, Bas-Rhin (Unterelsass im Norden) und Haut-Rin (Oberelsass) im Süden.

## 7

Rebsorten werden im Elsass angebaut: Riesling, Pinot Gris, Pinot Blanc, Gewürztraminer, Muscat, Sylvaner und Pinot Noir.

## 12

mal im Jahr reist der große Parlamentstross – inklusive diverser Lkw-Ladungen voll mit Unterlagen – von Brüssel ins gut 400 km entfernte Straßburg: Dort hat das Europäische Parlament seinen eigentlichen Sitz.

## 31

Restaurants im Elsass sind mit einem, zwei oder sogar drei Michelinsternen ausgezeichnet.

## 40

Prozent des Elsass sind von Wald bedeckt.

## 71,8

Kilometer lang ist das Streckennetz der Tram in Straßburg, das längste in Frankreich – sieben Linien verkehren in der Stadt.

## 190

Kilometer lang und 50 Kilometer breit erstreckt sich das Elsass zwischen Rhein und Vogesen.

## 800

Storchenpaare, so die Schätzung, nisten im Elsass aufgrund der erfolgreichen Wiederansiedelung – nachdem der Bestand in den 1970er-Jahren auf nur noch neun Paare geschrumpft war.

## 1000

Jahre hat das Straßburger Münster schon auf dem Buckel – der runde Geburtstag wurde bereits im Jahr 2015 gebührend gefeiert.

## 1424

Meter hoch ist der Große Belchen oder Grand Ballon, die höchste Erhebung der Vogesen.

## 15 500

Hektar groß ist die Anbaufläche des Weinbaugebiets Elsass – das entspricht etwa der Größe des benachbarten badischen Weinbaugebiets.

## 279 000

Einwohner leben in Straßburg, der größten Stadt im Elsass. Es folgen Mulhouse mit 109 000 und Colmar mit rund 71 000 Einwohnern.

## 1 884 000

Millionen Elsässer leben auf 8280 km², was mit 228 Einwohnern pro km² eine der höchsten Bevölkerungsdichten in Frankreich ergibt.

## 3
Sprachen: Französisch, Deutsch sowie die alemannische Elsässer Mundart

# So schmeckt das Elsass

Sürkrut, wie Sauerkraut auf Elsässerditsch heißt, ist zwar gehobelter und eingelegter Weißkohl, aber wichtiger als das Kraut ist Koch und Kunde das, was sich obendrauf auftürmt: Schweinebauch, Kassler, Haxe und Würste mit den schönen Namen Knacks oder Montbeliards. Fast alle Spezialitäten im Elsass sind fleischlicher Art. »Vom Schwein isst sich alles«, sagen die Elsässer seit alters her und packen in Würste und Pasteten, was das Borstenvieh hergibt. Weil es auch Käse, Brot und Butter von bester Qualität zu kaufen gibt, zählt ein Vesper in den Weinbergen zu den schönsten Elsass-Esserlebnissen.

## Deftige Genüsse auf dem Teller

Solche Hausmannskost findet man häufig in den Weinstuben: Wer es traditionell mag, probiert dort Gutbürgerlich-Deftiges wie **Presskopf** (Schweinskopfsülze), **Fleischnacka**, **Schiffala** (Schweineschulter), **Boudin** (Blutwurst), Schweinshaxe, **Baeckeoffe** (im Backofen zubereiteter Fleischeintopf), **Lawerknepfle** (Leberknödel), **Coq au Riesling** (in Wein gegartes Hühnchen), **Süri Nierli** (saure Nieren) und das allgegenwärtige **Choucroute,** auf dem Räucherfleisch und Wurst serviert werden, teils auch Fisch oder Ente. Serviert werden deutsche Portionen in französischer Qualität – also reichlich! Umso erfreulicher, dass mancherorts halbe Portionen bestellt werden können. Wer sich lieber vegetarisch ernährt, kann **Bibeleskäs** (Quark mit rohen Zwiebeln und Knoblauch) mit Bratkartoffeln bestellen, **Flamm- und Zwiebelkuchen, Fischragout** in Riesling, **Tourte** mit Munster oder **Dampfnudeln** mit Weinschaumsauce sowie während der Saison auch Spargel aus heimischem Anbau.

## Feine Tropfen im Glas

Sieben Rebsorten werden im Elsass angebaut, unter den Weißweinen der Klassiker **Riesling, Pinot Blanc** und **Pinot Gris** (Weiß- und Grauburgunder), Sylvaner, Gewürztraminer und Muscat (Muskateller), der rote **Pinot Noir** (Spätburgunder) wird als Rotwein oder Rosé ausgebaut. Der **Edelzwicker** dagegen ist keine Rebsorte, sondern ein Cuvée, ein Verschnittwein aus weißen Rebsorten, und der **Crémant d'Alsace** ein trockener Winzersekt, der aus elsässischen Qualitätsweinen nach der Champagnermethode hergestellt wird. Neben ausgezeichneten Obstbränden *(eaux de vie)* ist die Region auch für ihr Bier berühmt. Obwohl rund 60 % des französischen Biers im Elsass gebraut werden, blieben von den einst

**ÜBRIGENS**

In der »Fédération des Chefs de Cuisine Restaurateurs d'Alsace« – Emblem: die Strichzeichnung einer Kochmütze – haben sich Profiköche mit dem Anspruch zusammengefunden, ausschließlich frische Produkte zu verwenden (www.chefs-alsace.fr).

## FLAMMKUCHEN

Eine *tarte flambée* ist ein hauchdünner, im heißen Steinofen gebackener Teig mit einem Belag aus Crème fraîche, Speckstreifen und Zwiebeln – die preiswerteste Art, im Elsass satt zu werden. Serviert werden Flammkuchen in Dorfgaststätten, Pizzerien, den touristischen Restaurants der Weinorte, Brasserien und Szenelokalen. Die großen Flammkuchen kommen auf dem Holzbrett mit einem Messer für den ganzen Tisch, man isst mit den Fingern.

210 g Mehl in eine Schüssel geben und mit 15 g Hefe, 1 EL Olivenöl sowie 125 ml lauwarmem Wasser zu einem glatten Teig verkneten und 30 Minuten im Kühlschrank ruhen lassen. Den Backofen auf 220 °C vorheizen. 2 rote Zwiebeln schälen und in feine Ringe schneiden. Den Teig möglichst dünn auf Backpapier ausrollen, mit 150 g saurer Sahne bestreichen, mit 100 g in feine Streifen geschnittenem Frühstücksspeck und den Zwiebelringen bestreuen. Auf einem Backblech fünf Minuten im Ofen kross backen.

so zahlreichen Brauereien nur einige wenige große Konzerne. Erst seit dem Craftbeer-Trend sorgen neu gegründete Mikrobrasserien wieder für Vielfalt und ausgefallene Sorten.

### Melkeressen auf der Alm
Sehr preiswert isst man in den *fermes-auberges*. Eine bodenständige Mahlzeit auf den Berggasthöfen der Vogesen ist das *repas marcaire*: Suppe, Kasslerbraten mit Roigabrageldi (Bratkartoffeln mit Zwiebeln), Munster mit Kümmel oder Frischkäse mit Kirschwasser *(fromage blanc au kirsch)*.

### Süßes und Mitbringsel
Wie Schwaben und die Bayern beanspruchen auch die Elsässer die **Bretzel** als Nationalgebäck. Zweiter Star der elsässischen Backwaren ist der **Kouglhopf,** der zum Kaffee so gut schmeckt wie zum Wein. Ihm folgen auf dem Fuße das Weihnachtsgebäck, **Bredele** (Plätzchen mit Anis oder Mandeln), **Lebkuchen** *(pain d'épices)* und **Birewecka** (Früchtebrot). Das heimische Obst wird außer zu Hochprozentigem auch zu köstlichen **Tartes** und fruchtigen **Konfitüren** verarbeitet, letztere sind wie die heimischen Wurstwaren, Pralinen und Schokolade auch dankbare Mitbringsel. Bekanntester Käse ist der **Munster,** ein Weichkäse aus Kuhmilch, der im gleichnamigen Munstertal produziert wird. Aber auch der **Bargkass,** der Bergkäse von den Almweiden der Vogesen, und der **Tomme du Ried** sind Käsefans ein Begriff.

# Ihr Elsass-Kompass

**#2**
Töpferdörfer –
**Betschdorf und
Soufflenheim**

**#3**
Glaskunst –
**Musée Lalique**

AUS ERDE
GEBACKEN

Flakons
für
flüchtige
DÜFTE

**#1**
Burgenhopping –
**im Naturpark
Nordvogesen**

Gute Aussichten

WOMIT FANGE ICH AN?

1 2 3

LANDLUFT

15

**#15**
Im Dreiländereck –
**Sundgau**

Durchatmen!
Und an sich selbst glauben!

14 13 12

**#14**
Sommersport –
**am Lac Blanc**

Was sind eigentlich Roigabrageldi?

DAMPF
+
DRUCK

**#13**
Im Reich der Fermes-
Auberges –
**am Grand Ballon**

**#12**
Industriegeschichte –
**Technikmuseen in
Mulhouse**

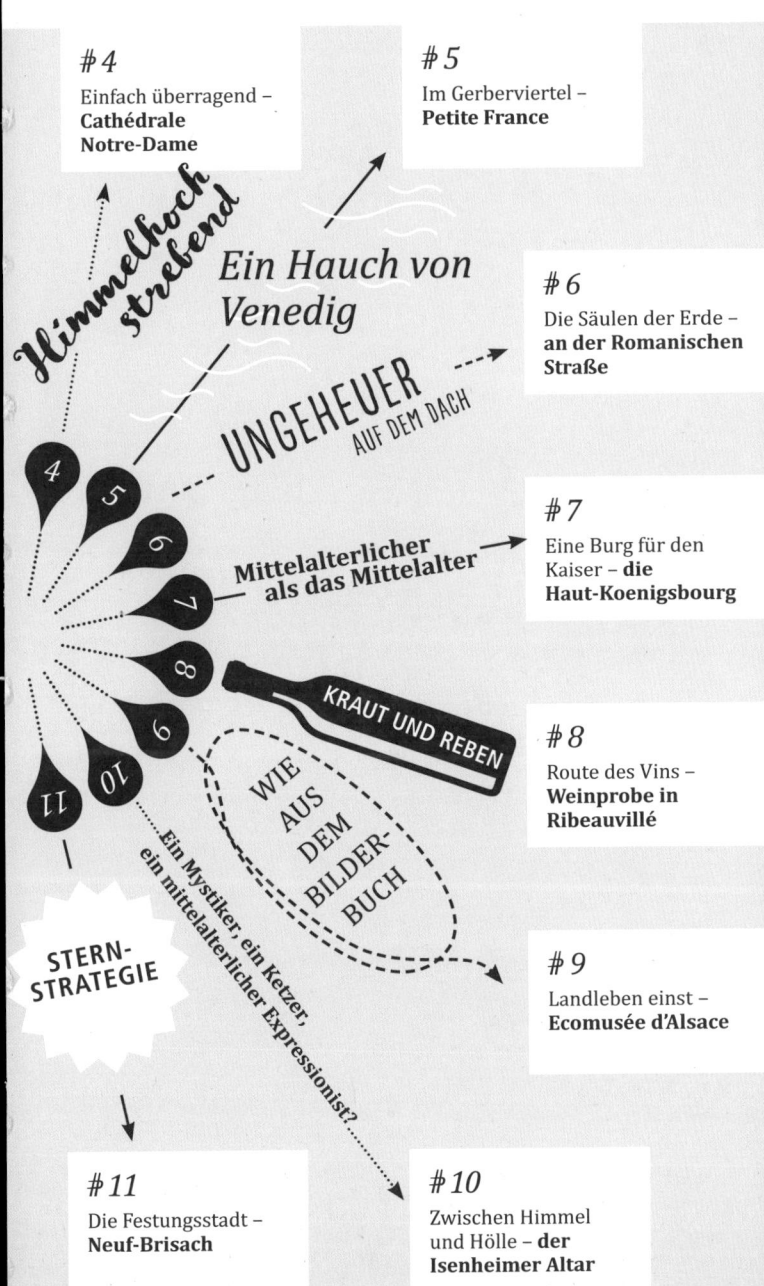

**#4**

Einfach überragend –
**Cathédrale
Notre-Dame**

**#5**

Im Gerberviertel –
**Petite France**

*Himmelhoch strebend*

*Ein Hauch von Venedig*

UNGEHEUER AUF DEM DACH

**#6**

Die Säulen der Erde –
**an der Romanischen
Straße**

Mittelalterlicher
als das Mittelalter

**#7**

Eine Burg für den
Kaiser – **die
Haut-Koenigsbourg**

KRAUT UND REBEN

**#8**

Route des Vins –
**Weinprobe in
Ribeauvillé**

WIE AUS DEM BILDER-BUCH

STERN-STRATEGIE

Ein Mystiker, ein Ketzer, ein mittelalterlicher Expressionist?

**#9**

Landleben einst –
**Ecomusée d'Alsace**

**#11**

Die Festungsstadt –
**Neuf-Brisach**

**#10**

Zwischen Himmel
und Hölle – **der
Isenheimer Altar**

# Das Nordelsass

Den Wald vor lauter Bäumen nicht zu sehen, ist gar nicht ausgeschlossen im Nordelsass. Im grenzübergreifenden Biosphärenreservat Nordvogesen reicht der Naturpark mit seinen endlosen Wäldern und den zahllosen Burgen bis weit in die Pfalz hinein – ideal, um die Region auf den schönen Wander- und Radwegen aktiv zu erkunden. Bei »Natur pur« muss es aber keineswegs bleiben, lohnende Abstecher sind Städtchen wie Saverne, Haguenau oder Wissembourg.

# Wissembourg 🗺 G 1

**Direkt hinter der Grenze zu Deutschland schmiegt sich die charmante Altstadt mit vielen Fachwerkhäusern noch heute in das Rund ihrer mittelalterlichen Befestigung, von der Türme und beachtliche Mauerpartien erhalten sind.**

## Rundgang im Grenzstädtchen

Spaziergänge führen an den Mauern im Süden (Boulevard Clemenceau) und im Norden von der Rue du Musée auf die Promenade des Remparts entlang. Besonders pittoresk sind die alten Viertel um die Lauter: das **Quartier du Bruch** mit der Maison de l'Ami Fritz aus der Renaissance (Faubourg de Bitche) und **Petite Venise**, das wahrhaftig ›kleine‹ Venedig, das man vom Schlupf-Brückchen gut überblickt (ausgehend von der Rue de la République). Das Ufer der Lauter wird von alten **Patrizierhäusern** wie der Maison Vogelsberger (1540), dem Haus Ancienne Couronne (1491) und der Maison du Sel (1450) gesäumt. Am **Quai Anselmann,** einem von Wissembourgs pittoreskesten Straßenzügen, haben Terrassencafés ihre Tische aufgestellt. Mit **St-Pierre-et-St-Paul,** 1262–1324 erbaut, besitzt

Wissembourg eine der größten gotischen Kirchen des Elsass (Rue du Chapître, tgl. 9.30–17.30 Uhr). Romanisch sind der Westturm und eine kleine Kapelle neben dem unvollendeten gotischen Kreuzgang. Beachten Sie die mittelalterlichen Glasfenster und Fresken, darunter ein hl. Christophorus von beeindruckenden 11 m Höhe!

## 🛏 An der Stadtmauer
### Du Côté des Remparts

Das ausgesprochen charmante B&B in einem Gebäude aus dem 19. Jh. bietet drei moderne Gästezimmer *(chambres d'hôte)* mit ungezwungener Guesthouse-Atmosphäre, sehr gutem Frühstück, einen ruhigen Garten mit Terrasse, kostenlose Leihfahrräder und WLAN.

10, Fossé des Tilleuls, 67160 Wissembourg, T 06 30 46 81 31, maisondhotesdesremparts@gmail.com, DZ 100–120 €

## 🍽 Mittagstisch
### Le Carrousel Bleu

Das kleine Bistro serviert eine moderne Gourmetküche im Rhythmus der Jahreszeiten – allerdings nur mittags. Der Koch hat ein Händchen für Gewürze und ungewöhnliche Kombinationen.

17, rue Nationale, T 03 88 54 33 10, www.le-carrousel-bleu.fr, Mo–Sa 12–14 Uhr, Tagesgericht 9 €

*Kirche links, stattliche Patrizierhäuser rechts – wenn das nicht eine malerische Stadtkulisse ist! Am Quai Anselmann am Ufer der Lauter kann man von einem der netten kleinen Straßencafés wunderbar auf's andere Ufer schauen.*

## 🍴 Aus dem Holzofen
**La Mirabelle**

Hauchdünner Flammkuchen auf dem Holzbrett und Pizza werden je nach Vorliebe belegt, mit Emmentaler, Munster- oder Ziegenkäse, mit Pilzen oder auch süß mit Apfel und Zimt und mit Calvados flambiert. Einladender Gastraum und geschützte Terrasse im Hof.

3, rue du Général Leclerc, 67160 Wissembourg, T 03 88 54 33 41, Di–So 10–1.30 Uhr, 7,50–14 €

## 🧁 It´s Teatime
**Pâtisserie Rebert**

Die Konditorei verkauft Tartes und Törtchen nicht nur an Kunden, sondern lädt mit Teesalon drinnen und draußen im geschützten Innenhof zum Verzehr gleich vor Ort ein. Den süßen Kunstwerken eilt ihr Ruf weit voraus – bis in die benachbarte Pfalz werden die köstlichen Pralinen und Macarons, Kleingebäck und Obsttartelettes geschätzt.

7, place du Marché aux Choux, 67160 Wissembourg, T 03 88 94 01 66, www.patisserie-rebert.fr, Di–Fr 7.30–18.30, Sa 7–18, So 8–18 Uhr

## ℹ️ Infos
**Office de Tourisme:** 11, pl. de la République, 67160 Wissembourg, T 03 88 94 10 11, www.ot-wissembourg.fr

......................................................

## IN DER UMGEBUNG

......................................................

### Zeitreise
Im verschlafenen Dorf **Altenstadt** (🗺 G 1) steht eine der ältesten Kirchen des Elsass, eine schlichte romanische Basilika, die zu Beginn des 11. Jh. erbaut wurde (tgl. 9–18 Uhr).

### Schönste Dörfer
Der ruhige kleine Ort **Hunspach** (🗺 G 1) bildet zusammen mit **Seebach** und **Hoffen** (G 2) das Dreigestirn der schönsten Fachwerkdörfer der elsässischen Ebene. Die U-förmigen Hofanlagen stammen aus dem 18. und 19. Jh. und sind mit den Schmalseiten der Wohngebäude wie Perlen an der Kette an der Straße aufgereiht.

## 🍴 Landgasthof
**Auberge La Vieille Grange**

Das sympathische Lokal mit lauschiger Gartenterrasse in Seebach setzt auf gute Produkte und bietet neben Flammkuchen und anderen elsässischen Spezialitäten wie Leberknödel, Blutwurst, Wädele oder Mandelforelle auch Saisonales wie Spargel. Dazu kann man die Weine des Nordelsass probieren, von der Maison Jülg (www.vins-julg.fr) oder der Kooperative in Cleebourg, 77, rue des Eglises, T 03 88 53 18 40, www.lavieillegrangeseebach.com, Do–Mo ab 17 Uhr

## 🍷 Bi-national
Die Winzerfamilie Jülg ist in Frankreich und in Deutschland vertreten. Im nahen Schweigen lockt die Weinstube mit schönen Gartenhof und den hervorragenden Weinen von Johannes Jülg zum Ausflug über die Grenze (Hauptstraße 1, 76889 Schweigen-Rechtenbach, www.weingut-juelg.de), in Seebach vermieten die Bio-Winzer Peter und Lydia Jülg auch zwei Chambres d'hôte (116, rue des Eglises, 67160 Seebach, www.vins-julg.fr).

### Termine
Im Dorf **Seebach** wird im Juli drei Tage lang eines der schönsten elsässischen Feste gefeiert: mit der »Streisselhochzeit« wird eine Bauernhochzeit nachgestellt, wie sie früher gefeiert wurde.

### Im Biosphärenreservat
Das reizende Örtchen **Obersteinbach** (🗺 E 1) (wie auch das benachbarte **Niedersteinbach**, ► S. 20) bietet mitten im grenzübergreifenden Regionalpark Pfälzerwald-Nordvogesen, der von der UNESCO als Biosphärenreservat ausgezeichnet wurde, in touristischer Hinsicht alles, was das Herz begehrt. An der langen Hauptstraße reihen sich alte Fachwerkhäuser und -höfe, dazwischen plätschern Brunnen aus dem landschaftstypischen rötlichen Sandstein. Zwischen zwei bewaldeten Berghängen schlängelt sich der Steinbach, Wiesensumpf, Weiden und Äcker steigen zur beidseitig von Häusern gesäumten Straße an, am Südhang wachsen Obstbäume.

# Burgenhopping –
# im Naturpark
# Nordvogesen

**Einen toller Ausgangsort für Wandertouren ist das stille Obersteinbach, das sich in ein idyllisches Bachtal schmiegt! Von dort führt ein Wanderweg durch den dichten Vogesenwald über die Burgruinen Wasigenstein und Frœnsburg zur Burg Fleckenstein.**

Den schönsten Blick auf das Tal hat man von der kleinen Ruine der **Petit Arnsbourg 1**, deren Wehrturmreste man schon von Obersteinbach aus auf einem hohen Sandsteinfelsen aufragen sieht. Einen Blick ins Alltagsleben, in Geschichte und Bauweise der Burgen erlaubt die liebevoll eingerichtete **Maison des Châteaux Forts** in Obersteinbach, die auch einen nach mittelalterlichen Vorbildern angelegten Kräutergarten besitzt.

## In den Fels gehauen

Eins der besterhaltenen *châteaux forts* ist **Wasigenstein 2**, im 13. Jh. als Sitz einer Adelsfamilie errichtet, die zum Heiligen Römischen Reich Deutscher Nation gehörte. Eigentlich handelt es sich bei der Ruine um zwei, durch einen tief in den Fels gehauenen Graben getrennte Burgen. Aus dem Fels he-

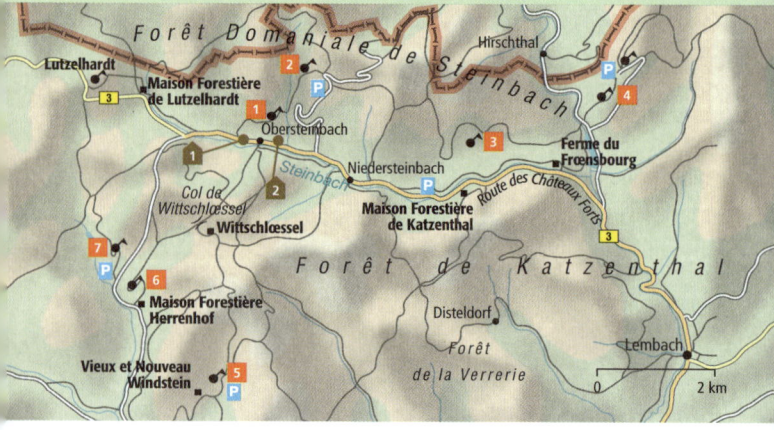

rausgeschlagene, leicht zu verteidigende Treppen, die hoch aufragenden Mauern des *Donjon* (Bergfried), tiefe Brunnen und ein in den Fels gegrabenes Untergeschoss sind typisch für die stauferzeitlichen Wehrbauten der Nordvogesen. Von der Ruine der mittelalterlichen **Frœnsbourg** **3** blieben dagegen nur romantische Mauerreste auf einem hoch über dem Tal aufsteigenden Felsen.

## Staufisches Bollwerk

Die **Burg Fleckenstein** **4** ist eine der imposantesten Burganlagen des Elsass, im 12. Jh. errichtet, um den strategisch wichtigen Posten für die Staufer zu halten. Von der grandiosen Leistung mittelalterlicher Baumeister zeugt noch der Brunnen. Sechs Jahrhunderte lebte hier die Familie Fleckenstein und baute die Anlage im Spätmittelalter von einer einfachen Festung zu einer herrschaftlichen Burg aus. Trotz ihres Rufs, uneinnehmbar zu sein, fiel sie in den Kriegen Ende des 17. Jh. in die Hände der Truppen von König Ludwig XIV. Anschließend wurde die Burg geschleift, aber auch ihre Überreste wirken überaus beeindruckend. An die ganze Familie wenden sich die Rätselburg, ein etwa dreistündiger, unterhaltsamer Erkundungsparcours durch die Burg und ihre Umgebung, und P'tit Fleck, eine Ausstellung mit spielerischen Elementen für Kinder.

**NOCH WAS**

Von Obersteinbach aus sind weitere staufische Burgen auf schönen Wanderwegen zu erreichen, sodass man hier gut eine ganze Woche verbringen kann: **Vieux** und **Nouveau Windstein** **5**, **Wineck** **6** und **Schoeneck** **7**, und von der Burg Fleckenstein aus nach Hohenbourg und Loewenstein. Wanderkarte des Institut Géographique National (IGN) »3814: Haguenau. Wissembourg« im Maßstab 1:25 000.

---

**INFOS/ÖFFNUNGSZEITEN**

**Maison des Châteaux Forts:** 42, rue Principale, 67510 Obersteinbach, www.parc-vosges-nord.fr, Mai–Okt. So 14.30–17.30 Uhr, Eintritt 2 €
**Burg Fleckenstein** **4**: 67510 Lembach, www.fleckenstein.fr, April–Juni, Sept./Okt. tgl. 10–17.30, Juli/Aug. tgl. 10–18 Uhr, Burgeintritt 4,50 €, erm. 3 €, P'tit Fleck 4,50 €, erm. 4 €, Rätselburg 9,50 €, erm. 8 €

---

**IN FREMDEN BETTEN**

**Alsace-Village** **1**: 49, rue Principale, 67510 Obersteinbach, T 03 88 09 50 59, www.alsace-village.com, Restaurant Mi/Do geschl., DZ 52–69 €, Apart./Woche 320–425 €, Menüs 20–28 €. Komfortable Zimmer in einem alten Gasthof und Öko-Ferienhäuschen, Bauerngarten, eine reiche Bibliothek zum Elsass, üppiges Frühstück für 12 € und deftige Regionalküche sorgen für Rundum-Zufriedenheit.
**Anthon** **2**: 40, rue Principale, 67510 Obersteinbach, T 03 88 09 55 01, www.restaurant-anthon.fr, Restaurant Di/Mi geschl., DZ 85–110, Hauptgerichte 21–30 €. Die Zimmer in dem Traditionslandgasthof mit freundlichem Service sind klein, aber anheimelnd, die teureren sind in ansprechendem, modernem Design gestaltet.

# Haguenau 🗺 F 2/3

**Das geschäftige Städtchen mit 34 000 Einwohnern besitzt eine recht hübsche, obwohl sich ganz unvermittelt teils restaurierte, teils vernachlässigte historische Bauten zu dazwischengeklotzter Beton-Architektur gesellen.**

### Hopfen-Umschlagplatz

Mit Tour des Chevaliers, Tour des Pêcheurs und Porte de Wissembourg besitzt Haguenau noch mächtige Teile der mittelalterlichen Stadtmauer. Die **Kirche St-Georges** (11, rue St-Georges, tgl. 8–12, 14–19 Uhr) hat ein romanisches Schiff, einen gotischen Chor und eines der schönsten spätmittelalterlichen Sakramentshäuschen des Elsass.
Das lebhafte Städtchen war lange Zeit der wichtigste Umschlagplatz für elsässischen Hopfen, und die Region rundherum ist nach wie vor Frankreichs Hauptanbaugebiet für Hopfen. Dafür bauten die Haguenauer eigens eine Hopfenhalle, die heute als Markthalle genutzt wird (Di und Fr). Diese **Halle aux Houblons** und das im August gefeierte große Hopfenfest erinnern daran, dass im Elsass nicht nur Wein angebaut, sondern auch das meiste Bier Frankreichs gebraut wird – knapp 11 Mio. Hektoliter sind mehr als 60 Prozent der nationalen Produktion. Im **Musée Historique,** das in einem historistischen Museumspalast residiert, sind romanische Skulpturen sowie Ausgrabungen der bronzezeitlichen Hügelgräber im Haguenauer Wald zu sehen (9, rue Maréchal Foch, Mi–So 14–17.30, Juli–Mitte Sept. auch 10–12.30 Uhr, bis 2021 wegen Renovierung reduzierter Eintritt 2 €).

### 🐻 Bärenstark
**L'Ours**

In der vierten Generation führen Christelle und Jean Wagner den Landgasthof in Bischwiller und sind gerade dabei, ihn in ein Schmuckstück zu verwandeln. Auf der kleinen Karte stehen die üblichen elsässischen Verdächtigen und ansprechende saisonale Tagesgerichte. In der schönen holzvertäfelten Stube mit Antiquitäten und Holzdielen sitzt man so nett wie im begrünten Innenhof, und auch das *Chambre d'hôte* (79 €) ist sehr zu empfehlen. 2, rue de la Couronne, 67240 Bischwiller, T 03 88 63 21 56, www.lours.co, Mi 11.30–14, Do–So 11.30–14, 18.30–22 Uhr, Hauptgerichte um 16 €

### ☼ Zeit für den Apéro
**Comptoir des Loges**

An einem Sommerabend und zur Happy Hour schmecken die Cocktails oder ein Glas Crémant mit Blick auf Grünanlage und das Haguenauer Theater. Als Grundlage gibt's dazu Tapas. 14, Rue Clémenceau, 67500 Haguenau, Di–Do 10–15, 17.30–24, Fr, Sa 10–15, 17–24 Uhr

### 🌀 Badevergnügen
**Nautiland**

Das größte Indoor-Aqualand des Elsass mit Schwimmbecken, Sauna, Dampfbad, Kinderbecken und Wassergymnastik.

**WANDERN**

Ein Besuch der Burg Fleckenstein ist bequem mit dem Auto möglich und auch zur Burg Wasigenstein führt vom Parkplatz aus nur ein kurzer Spaziergang (▶ S. 18). Wer auf den ausgezeichnet markierten Wanderwegen des Club Vosgien durch den dichten Buchen- und Kiefernwald wandert, erobert sich seine Burgen auf eine viel eindrücklichere Art und Weise als bei der Anfahrt mit dem Auto. Für die **Tageswanderung zu den Burgen** (20 km) nördlich der Straße D 3 braucht man etwa 6 Stunden reine Gehzeit. Ausgangspunkt ist das Sträßchen links neben der Mairie/Ecole in Oberesteinbach. Der Rückweg führt am nördlichen Ufer des Fleckensteiner Weihers, am Steinbach und der Straße D 3 entlang über Niedersteinbach zurück nach Oberesteinbach.

8, rue des Dominicains, www.nautiland.net,
Mo–Fr 12–21, Sa/So 9–19 Uhr, Eintritt 2 Std.
6,20 €, erm. 4,90 €, unbegrenzt mit Sauna-
bereich 13,40 €, Familienkarten günstiger

**ⓘ Infos**
**Office de Tourisme:** 1, pl. Joseph
Thierry, T 03 88 06 59 99, www.visit
haguenau.alsace.
**Hopfenfest:** Rund 500 Künstler aus
15 Ländern kommen zum kunterbun-
ten Folklore-Festival im August, www.
festivalduhoublon.eu.

### IN DER UMGEBUNG

#### Wald in der Rheinebene
Nördlich der Stadt erstreckt sich über
19 000 ha der **Forêt de Haguenau** (🗺
F/G 2), ein von Wander- und Fahrradwegen durchzogenes Naherholungsgebiet.
Picknickareal und Ausflugslokal befinden
sich an der ausgeschilderten »Gros
Chêne«, dem ausbetonierten Stumpf
einer vom Blitz getroffenen 500-jährigen
Eiche. Am Waldrand liegen inmitten
stiller, charmanter Orte die Kirche von
**Walbourg** (🗺 F 2) mit spätmittelalterlichen Fresken, Glasfenstern und einem
opulenten Sakramentshäuschen, die
romanische Kirche von **Surbourg** (🗺
F 2), eine dreischiffige Basilika aus dem
zweiten Drittel des 11. Jh. mit Holzdecke,
und **Sessenheim** (🗺 G 3), wo einst
Goethe für Friederike Brion schwärmte –
und sie verließ.

#### Burg ganz modern
Das beeindruckende Ensemble des
**Château de Lichtenberg** (🗺 D 2) ist
eine der größten Befestigungsanlagen
des Elsass, mit einem mittelalterlichen
Donjon, geheimnisvollen Kopfkonsolen in
einem Innenraum und einer Kapelle. Im
17. Jh. wurde Lichtenberg zu einer mächtigen Artilleriefestung ausgebaut, Ende
des 20. Jh. erhielt sie einen futuristischen
Saalbau für Theateraufführungen (67340
Lichtenberg, www.chateaudelichtenberg.
com, Juli/Aug. tgl. 10–18.30, Juni tgl.
10–18, April–Mai, Sept. Di–So 10–18,
März, Okt. Di–So 10–17 Uhr, Eintritt 6 €,
erm. 3,50 €).

# Saverne 🗺 C/D 3

**Die wegen ihrer Lage am Beginn
des malerischen Zorn-Tals »Tor
zum Elsass« genannte Kleinstadt
lockt mit einer Fußgängerzone um
die von alten Fachwerkhäusern
gesäumte Grand'Rue, erholsamen
Flecken an den Schleusen und Ufern
des Canal de la Marne au Rhin und
der burgenreichen Waldumgebung.**

#### Elsässisches Versailles
Das prachtvolle Schloss der Fürstbischöfe von Rohan mit seiner
klassizistischen Säulenfassade an der
Gartenfront wurde am Vorabend der
Französischen Revolution gebaut. Der
stattliche Sandsteinbau des **Château
des Rohan** beherbergt heute eine
Jugendherberge und ein Museum
mit gallorömischen Grabdenkmä-
lern, Kunstgewerbe, religiöser Kunst,
Gemälden lokaler Künstler und
regionalgeschichtlichen Exponaten
sowie die Schenkung von Louise Weiss
(1893–1983), Frauenrechtlerin, Pazi-
fistin und Alterspräsidentin des Euro-
paparlaments (Château des Rohan, Pl.
Général-de-Gaulle, Mitte Sept.–Mitte
Juni Mo, Mi–Sa 14–18, So 10–12,
14–18, Mitte Juni–Mitte Sept. Mi–Mo
10–12, 14–18 Uhr, Eintritt 3,50 €,
erm. 3 €). Oberhalb des Schlosses
erhebt sich die gotische Kirche
**Notre-Dame** mit ihrem romanischen
Turm und interessanter Ausstattung
aus Spätmittelalter und Renaissance
(Pl. de l'Eglise, tgl. 9–18 Uhr). Das
burgartige Gebäude hinter dem Chor
ist der Oberhof, heute die Sous-Préfec-
ture, einst Wohnsitz der Bischöfe.

#### Historischer Rosengarten
Mit der Roseraie besitzt Saverne auch
den zweitältesten Rosengarten Frankreichs (nach dem Bagatelle-Park in Paris). Rund 550 Sorten wachsen in dem
schon 1898 angelegten Park (Route de
Paris, www.roseraie-saverne.fr, Juni–
Aug. tgl. 10–19, Sept. tgl. 14–18 Uhr,
Eintritt 3 €, bis 15 Jahre frei).

# Töpferdörfer – **Betschdorf und Soufflenheim**

**# 2**

**In den beiden Dörfern bieten Handwerker ihre Erzeugnisse an, von Küchenkeramik über Kitsch bis zu feinem Kunsthandwerk – in Betschdorf meist graue, blau bemalte und in Soufflenheim bunte Ware mit Pünktchen oder Blumenmuster.**

Was so folkloristisch wirkt, sind solide Gebrauchsgegenstände für die Küche: Guglhupf-Backformen, Terrinen mit Deckel für die Zubereitung von Pasteten aller Art, Baeckeoffe-Töpfe, Schneckenpfännchen, Weinkrüge, Suppenschalen, Teller. Früher trugen die Frauen den Baeckeoffe – ein Eintopf – im feuerfesten Tontopf zum Bäcker, in dessen Ofen das Gericht gegart wurde.

## Keramik in zwei Ton-Arten

Die bunte Keramik aus **Soufflenheim** [1] wird aus dem Ton des Haguenauer Walds gebrannt, ein feuerfestes und durch die Glasur auch wasserdichtes Material, das sich durchaus zum Kochen und Backen eignet. Verziert wird das ockerfarben, braun, grün oder blau glasierte Geschirr mit von altersher überlieferten bunten Motiven. Keineswegs muss das Geschirr als ›Stehrumchen‹ enden, an der Wand oder auf Anrichten verstauben. Ende des 18. Jh. gab es noch rund 150 Töpferbetriebe rund um Soufflenheim, heute sind es nur noch etwas mehr als ein Dutzend. Zum Töpfermarkt im August laden sie *céramistes* aus ganz Frankreich ein.

*Ob bunte Keramik oder glasiertes Steinzeug: Hier ist alles Handarbeit!*

## Krugmacher, Kannenbäcker

In **Betschdorf** [2] dagegen stellen die Töpfer salzglasiertes Steinzeug her, vor allem Kannen und Krüge mit grau-blauem Dekor für Most und Wein – schlichter als die rustikale Soufflenheimer Produkte und ausgesprochen haltbar. Die Töpfe eignen sich nicht für Backofenhitze, dafür umso besser zum Einmachen und Einlegen von Gurken oder Sauerkraut, aber auch als Senf- und Schmalzpöttchen, da die Salzglasur zwar nicht feuerfest, aber wasserundurchlässig und säurebeständig ist. Das Besondere an dieser Glasur: Sie entsteht erst während des Brennvorgangs. Bei einer Temperatur über 1200 °C wird Kochsalz durch spezielle Öffnungen in die Brennkammer eingebracht. Durch die extrem hohe Temperatur zerspringen die Salzkristalle explosionsartig und es entstehen Natrondämpfe, die sich durch eine chemische Reaktion als »Anflug« auf den Gefäßen niederschlagen. Nur noch sehr wenige Töpfereien beschäftigen sich heute noch mit der Salzbrandtechnik – außer in Betschdorf etwa auch im Westerwald, im »Kannenbäckerland« –, da die Ergebnisse weniger steuerbar sind als bei anderen Verfahren und viel Erfahrung erfordern.

Der lebendige Charme dieser Keramik entfaltet eine ganz besondere Schönheit. Wohl deshalb sind salzglasierte Stücke bevorzugte Objekte von Sammlern und Keramikliebhabern. Das kleine Musée de la Poterie in einem sorgfältig restaurierten Fachwerkhaus zeigt historische Töpferwaren, eine Keramikwerkstatt und die aktuelle Produktion von Töpfern in Wechselausstellungen.

**T**
**TON**

Wer nicht extra ins Nordelsass fahren will, findet in Straßburg eine schöne Auswahl Elsässer Keramik in der **Poterie d'Alsace**. Seit 1860 bietet dieses Geschäft die bunt oder blau-grau glasierten elsässischen Tonwaren aus Betschdorf und Soufflenheim an – authentisch und traditionell oder in etwas modernerer Formgebung (3, rue des Frères, www.poterie-alsace-strasbourg.eu, Mo 14–19, Di–Sa 11–13, 14–19 Uhr).

---

INFOS/ÖFFNUNGSZEITEN

Auf der Website des **Office de Tourisme Soufflenheim** sind Adressen und Websites der Töpferbetriebe *(poteries)* verzeichnet (Ortsplan mit Standorten in Soufflenheim und Betschdorf gibt es als Download-PDF). Die **Keramikläden in Soufflenheim** sind meist Mo–Sa 9–12 und 14–17 Uhr geöffnet, die Ateliers in Betschdorf eher nach Voranmeldung.
**OT Soufflenheim:** 20b, Grand Rue, 67620 Soufflenheim, T 03 88 86 74 90, www.cc-paysrhenan.fr
**OT Betschdorf:** 2, rue Kuhlendorf, 67660 Betschdorf, T 03 88 54 48 07, www.visithaguenau.alsace, www.betschdorf.com
**Musée de la Poterie:** 2, rue de Kuhlendorf, 67660 Betschdorf, April–Sept. Di–Sa 10–12, 13–18, So 14–18 Uhr, Eintritt 3,50 €, erm. 1 €

IN FREMDEN BETTEN

**Chambres d'hôtes M. Christian Krumeich** 🗂: 23, rue des Potiers, Betschdorf, T 03 88 54 40 56, www.gites-67.alsace, DZ ab 50 €. Die Töpferfamilie vermietet drei rustikale Privatzimmer mit Dusche/WC und gibt gerne eine Einführung in ihr Handwerk.

### ⌂ Archetypische Winstub
**Taverne Katz**

Das mit viel Schnitzerei versehene Fachwerkhaus von 1605 ist eines der schönsten des Elsass. Drinnen findet man Holzvertäfelung, alte Stiche, überbordenden Dekor und eine winstubtypische Küche um Choucroute und Baeckeoffe. In der Gründerzeitvilla Villa Katz vermietet die Besitzerin sechs charmante Zimmer im Stil der Epoche.

Taverne Katz: 80, Grand'Rue, T 03 88 71 16 56, www.tavernekatz.com, tgl. 12–14, 18.30–22 Uhr, Hauptgerichte 17–28 €

Villa Katz: 42, rue du Général de Gaulle, www.villa-katz.com, DZ 70–140 €

### 🛍 Nut'Alsace
**Jacques Bockel**

Köstliche Schokoladenkreationen und nussige Brotaufstriche aus eigener Herstellung. Spezialiät: Pumps und Ballerinas aus Schokolade.

77, Grand'Rue, 67700 Saverne, Mo 14–18, Di–Fr 9–12, 14–18.30, Sa 9–12, 14–18 Uhr

### 🛍 Fast wie handgenäht
**Heschung**

Im Fabrikverkauf der 1934 gegründeten Elsässer Manufaktur in Dettwiller ersteht

man die hochwertigen, ausgesprochen haltbaren Lederschuhe für Herren und Damen zu etwas günstigeren Preisen.

2, rue de l'Industrie, 67490 Dettwiller, www.heschung.com, Mo–Fr 9.30–12, 13.30–18, Sa 9–18 Uhr

### ☻ Freizeitkapitän
**Hausboote**

Bootsführerschein nicht erforderlich: Vor Ort gibt es bei der Übernahme erst eine Einweisung mit Probefahrt. An Port de Plaisance und der Schleuse mitten im Ort lässt sich gut beobachten, wie beliebt der *tourisme fluvial* ist, das Schippern auf dem Canal de la Marne au Rhin mit dem eigenen Boot.

Nicols Location de Vedette Fluviale, 11, rue de l'Orangerie, T 03 88 91 34 80, www.hausboot-nicols.de

### ☻ Wandern und Radeln

Eine Broschüre des Office de Tourisme führt **50 Rundwege** für Wanderer und Radfahrer auf. Die alten **Treidlerpfade** am Rhein-Marne-Kanal wurden zum Radweg ausgebaut (Véloroute: www.alsaceavelo.fr).

### ❶ Infos

**Office de Tourisme:** 37, Grand'Rue, 67700 Saverne, T 03 88 91 80 47, www.tourisme-saverne.fr.

**ÜBRIGENS**

*Alsace Bossue*, das Krumme Elsass, heißt der **Nordwestzipfel der Region** – und bucklig ist die Landschaft wirklich, mit vielen grünen Hügeln und friedlichen Tälern. Noch eine zweite, historische Erklärung gibt es für den Namen: Zur Zeit der Französischen Revolution sollte die Region an das katholische Lothringen fallen, wurde aber aufgrund der mehrheitlich protestantischen Bevölkerung an das ebenfalls protestantische Elsass angegliedert und sitzt nun wie ein Buckel auf dessen Rücken – auf der Landkarte unschwer zu erkennen!

····················· **IN DER UMGEBUNG** ·····················

### Das Auge des Elsass

Weil der Blick in alle vier Himmelsrichtungen reicht, ist das im 12. Jh. erbaute **Château du Haut-Barr** (🗺 C 3) das beliebteste Ausflugsziel bei Saverne. Einst eine der mächtigsten Burgen der Region, weist die Ruine einen siebeneckigen Donjon und eine vollständig erhaltene Burgkapelle auf. Ein rotes Kreuz markiert den Weg zum Château Grand Geroldseck, dessen Donjon man schon von Haut-Barr im Wald aufragen sieht.

### Aus rotem Sandstein

Eins der kunsthistorisch bedeutendsten Gotteshäuser des Elsass ist die Ab-

*Bilbo Beutlins Heim? Die putzigen Wohnungen in den Felsenhäusern von Graufthal kommen einer Hobbit-Höhle schon sehr nahe.*

teikirche in **Marmoutier** ( D 4). Das prachtvolle romanische Westwerk mit drei Türmen und dreifachem Rundbogenportal und die bis in merowingische Zeiten zurückgehende, zu einem kleinen Museum ausgebaute Krypta sind die Glanzpunkte der Kirche, in der sich auch eine Silbermann-Orgel befindet (Pl. du Général de Gaulle, tgl. 9–11.30, 14–17.30 Uhr, www.paysdemarmoutier.eu).

### Höhlenwohnung

Dass in den heute leuchtend pflaumenblau herausgeputzten Felsenhäusern in **Graufthal** (D C 2/3) noch bis in die 1950er-Jahre jemand lebte, ist fast unvorstellbar. Die »Felsekaeth«, die letzte Bewohnerin, starb dort 1958 (22, rue Principale (67320 Graufthal, www. maisondesrochers-graufthal.fr, April–Okt. Mo–Sa 10–12, 14–18, So 10–18.30, Juli/Aug. tgl. 10–18 Uhr, Eintritt 2,50 €).

### Kultig-kurios

Das Moulin Rouge neben der Kuhweide: Mitten auf dem platten Land, beim Dorf **Kirrwiller** (D D 3), steht ein Revuetheater mit 1000 Plätzen, die Music Hall Royal Palace. Ein Spektakel mit Abendessen, spärlich bekleideten, beinewerfenden Tänzerinnen, Magiern und Lightshow (20, rue Hochfelden, Kirrwiller, T 03 88 70 71 81, www.royal-palace.com, Reservierung empfehlenswert.

### Naturpark Nordvogesen

Der ruhige kleine Ferienort **La Petite-Pierre** (D C 2) liegt ebenfalls im Parc Naturel des Vosges du Nord und ist Ausgangspunkt zahlreicher Wanderungen. Auf einem Felskegel gelegen, umschließt das häufig umgestaltete Château, Sitz des Naturparks Nordvogesen, noch Teile des romanischen Gebäudes. Die anschauliche Ausstellung zu Natur, Kultur, Flora und Fauna des Parks ist auch für Kinder interessant (Feb.–Dez. tgl. 10–12, 14–18 Uhr, www.parc-vosges-nord.fr). Die Kirche vor dem Eingang zur Burg besitzt sehenswerte Fresken und Grabsteine der Burgherren aus dem 15. Jh. Am Fuße des Burgbergs mit der hübschen Altstadt, in deren Wällen mittelalterliche Zisternen zu besichtigen sind, liegt der neuere Teil mit Hotels und Geschäften.

### ⌂ Wellness für Gourmets
#### Au Lion d'Or

Die mit zeitgenössischem Interieur ausgestatteten Zimmer sind unterschiedlich groß und teuer. Dazu kann man sich dann noch in Sauna, Whirlpool, Innenpool und mit einem Wellness-Angebot verwöhnen lassen: Die Arbrotherapie nutzt die Ressourcen des Waldes wie Tonerde und Nadelbaumextrakte.
15, rue Principale, 67290 La Petite-Pierre, T 03 88 01 47 57, www.liondor.com, Restaurant tgl. 12–14, 19–21 Uhr, DZ ab 80 €

# Frauen, Flora und Fauna – **Musée Lalique**

In einem modernen Museumsbau mit Schieferfassade werden die Jugendstil- und Art déco-Kostbarkeiten aus Glas und Kristall von René Lalique ausgestellt. Schwertlilien und andere Pflanzen im Innenhofgarten und auf dem Dach vervollständigen den Kunstgenuss – der Glaskünstler fand in der Natur eine unerschöpfliche Quelle für florale Muster und Schmuckentwürfe.

In Wingen-sur-Moder eröffnete René Lalique (1860–1945) im Jahr 1921 eine Manufaktur, vornehmlich weil das Herstellen von Glas im Nordelsass schon seit dem 15. Jh. Tradition hatte. So standen hier erfahrene Fachkräfte zur Verfügung, zudem lieferte der lokale Sandstein den für den Glasproduktion benötigten Quarzsand und die ausgedehnten Wälder das Holz zum Befeuern der Glashütten.

## Drei F

Frauen, Flora und Fauna inspirierten den Künstler zu seinen gefeierten Entwürfen. In Paris war Lalique schon lange äußerst erfolgreich mit seinen **Jugendstil-Schmuckstücken** – kleine Kunstwerke in Form von Libellen oder Schmetterlingen, Blüten, Blattwerk und Ranken oder lasziven Nymphen. Weil er als Juwelier und Goldschmied auf den Einsatz teurer Edelsteine und Perlen verzichtete und bevorzugt mit Werkstoffen wie Email oder Glas arbeitete, kam es zur Zusammenarbeit mit dem Parfumeur Coty. Seit der Duftsteller 1907 die ersten Flakons geordert hatte, verlegte sich Lalique verstärkt auf Glas als Material. Allein seine **Parfümflakons** für Worth, Roger & Gallet und andere sind eine faszinierende Designwelt für sich: Rund 230 Exemplare zeigen die Formvielfalt und den Ideenreichtum von Laliques Schaffen im 2011 eröffneten Museum, gestaltet vom Architektenbüro Wilmotte mit ganz in Schwarz gehaltenen Räumen.

**NATÜRLICH**

Die drei unterschiedlichen, von den **Landschaftsgärtnern Neveux & Rouyer** gestalteten Grünanlagen – der mineralische Vorplatz, der Blumengarten und der Gehölzgarten auf dem Dach – sind eine Hommage an die Natur, die Lalique als Inspirationsquelle diente. Jede Pflanzenart bezieht sich auf ein Werk von Lalique: Fichten sind als Motive auf Schalen zu finden, Efeu auf einer Vase, Farn auf einem Parfümflakon. Und auf dem **Lehrpfad** durch die Gärten erfahren Sie mehr über den Glasmacherort Hochberg und die Glasindustrie in der Region.

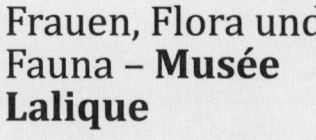

## Die Eleganz auf Reisen

Zu den gläsernen Schönheiten im Museum zählt **Gebrauchsglas** für den schön gedeckten Tisch ebenso wie extravagante Kühlerfiguren für Luxuskarrossen. Letztere dokumentieren die Begeisterung René Laliques für die neuen Transportmittel des beginnenden 20. Jh. wie Automobile, Züge und Schiffe: Für die legendäre »Normandie« und andere Ozeandampfer steuerte er monumentale Lampen und zusammen mit Tochter Suzanne Geschirr und Gläser für die Luxuskabinen bei, auch den Orientexpress macht er zusammen mit René Prou zum Art déco-Gesamtkunstwerk und stattete den Côte d'Azur Pullmann Express – wieder mit Suzanne – mit Wandpaneelen aus. Zudem wirkte die Firma an der Gestaltung der Glasarbeiten in Kirchen und großen Stadtpalais mit.

## Kristallglas

Sohn Marc übernahm nach dem Tod seines Vaters das Unternehmen und spezialisierte sich zunehmend auf Kristallglas, das er heute mit rund 200 Mitarbeitern produziert. Einige der Exponate waren prägend für ihre Zeit, wie der Flakon des Parfüms »L'Air du temps« für Nina Ricci oder die Medaillen der Olympischen Spiele von Albertville im Jahr 1992, andere wie die vielen farbigen **Fischlein** sind Farbproben.

Von der Vorlage bis zur fertigen Vase: Am Ende der Ausstellung können Besucher können anhand einer **Videoinstallation** die verschiedenen Etappen der Herstellung von Kristallglas verfolgen.

*Glas in seiner schönsten Form: die Parfümflakons von Lalique*

INFOS/ÖFFNUNGSZEITEN

**Musée Lalique:** 40, rue du Hochberg, 67290 Wingen-sur-Moder, www.musee-lalique.com, April–Sept. tgl. 9.30–18.30, Okt.–März Di–So 10–18 Uhr, Eintritt 6 €, erm. 3 €. Im Shop gibt es Literatur, Kristallglas und Parfüms; zum Komplex gehört außerdem ein kleines historisches Nachbargebäude, das stilvoll modernisiert als Restaurant dient.

KULINARISCHES FÜR ZWISCHENDRIN

So grasgrün wie das Tal rundherum sind auch die Stühle auf der Terrasse des **Crista'lion** (T 03 88 02 54 04, www.liondor.com, geöffnet wie Museum) – ein schönes Plätzchen. Geführt vom Hotel Lion d'Or aus La Petite-Pierre bietet das Museumsrestaurant eine kleine saisonale Karte und werktags ein preiswertes Tagesgericht.

**Faltplan:** C 2

# Straßburg

Nicht nur bei dramatischem Licht und poetischer Abendstimmung an den Pont Couverts wird Straß- burg romantisch, auch bei einem Cocktail an der Ill oder während des Festivals »Strasbourg mon amour« im Februar kommen sentimentale, nostal- gische oder amouröse Gefühle auf. Überwältigend ist aber noch mehr – die eindrucksvolle gotische Kathedrale, die Altstadt als Unesco-Welterbe, das Stück Europa mitten in der Stadt, die vielen Adressen für Genießer, die sehenswerten Museen ...

# Straßburg 🗺 E/F 4/5

**Auf überschaubarem, nahezu gemütlich-kleinstädtischem Plan bietet Straßburg Weltkunst und Weltküche. Zudem sorgen die vielen Studenten und die Europaparlamentarier für eine muntere Partyszene, und auch auf dem Shopping-Sektor bietet Straßburg die größte Auswahl im Elsass. Seit 2016 ist die größte Stadt des Elsass mit rund 279 000 Einwohnern in der City und 450 000 im Ballungsraum auch Haupstadt der Großregion Grand Est, zu der die Regionen Elsass, Champagne, Lothringen und Ardennen vereint wurden.**

## Durch die Altstadt bummeln

Die annähernd eiförmige Innenstadt ist von ihren Ausmaßen her bequem zu Fuß zu durchstreifen und zu großen Teilen autofrei. Mit der von Ill und Fossé du Faux Rempart umflossenen Grande Ile wurde 1988 das städtische Ensemble von der UNESCO in die Welterbeliste aufgenommen, keineswegs nur das

**Münster** `1` als in Stein gemeißelte Geschichte. Dieses Meisterwerk der Gotik, eines der eindrucksvollsten Gotteshäuser Europas, ist nicht nur einen Besuch, sondern eine extra Reise wert (▶ S. 34). In der **Altstadt** um Place de la Cathédrale mit der berühmten **Maison Kammerzell** `2` (▶ S. 34) und Rue Mercière, Place du Marché aux Cochons de Lait und Place du Marché aux Poissons tobt das touristische Leben, inklusive Winstubs und Andenkenläden. Zweites Highlight ist das von Kanälen, Brücken und einigen der schönsten und ältesten Fachwerkhäusern geprägte Gerberviertel **Petite France** (▶ S. 40). Ein Spaziergang am **Ill-Ufer** entlang bis zum **Quai des Pêcheurs** entwickelt in den frühen Abendstunden einen ganz eigenen Reiz. Mehrere ausgediente Flusskähne, heute Café-Bars, liegen kurz vor dem Pont Royal vor Anker. Im Rücken der Kais erstreckt sich das stille Krutenau-Viertel mit netten Bistrots, studentischen Bars und Clubs.

## Plätze und Kirchen erkunden

Wie ein Tor zur Petite France ragt das romanische Westwerk von **St-Thomas** `3` auf. Die gotischen Partien der Hallen-

*Scheinbar schwebend, aber nicht abgehoben: Die gläsernen Waagschalen des Palais des Droits de l'Homme erinnern daran, dass hier für (Menschen)Recht gestritten wird.*

kirche, entstanden 1270–1330, sind mit dem pathetischen Barockdenkmal des Marschalls Moritz von Sachsen und dem um 1130 entstandenen Adeloch-Sarkophag ein wahres Museum der Grabkunst (April–Okt. tgl. 10–18, Nov., Dez., Feb., März tgl. 10–17, Jan. geschl.). Im Zentrum der Stadt begrenzt das langgestreckte neoklassizistische Gebäude der **Aubette** 4 die **Place Kléber.** Im Innern schufen Jean Arp, seine Frau Sophie Taeuber-Arp und ihr Freund Theo van Doesburg in den 1920er-Jahren ein nach abstrakten Kunstprinzipien gestaltetes Amüsierzentrum (Mi–Sa 14–18 Uhr, Eintritt frei).

Das gotische Kleinod **St-Pierre-le-Jeune Protestant** 5 besitzt einen farbig ausgemalten dreischiffigen Innenraum, einen Lettner aus dem 14. Jh., ein prachtvolles Rokoko-Chorgestühl, einen 1160 erbauten stillen Kreuzgang sowie einen archaischen Grabraum aus dem 8. Jh. (So vor Ostern bis 1. Nov. Mo 13–18, Di–Sa 10.30–18, So 12–18 Uhr).

Am Kopf der platanengesäumten **Place Broglie** 6, 1740 als militärischer Paradeplatz angelegt, thront die Oper vom Beginn des 19. Jh. mit ihrer imposanten neoklassizistischen Säulenfassade, hinter der sich das Opera Café versteckt. Zum 2000-Jahr-Fest Straßburgs entwarf Tomi Ungerer den Janusbrunnen neben der Oper, dessen doppeltes Gesicht die zweifachen Wurzeln der Elsässer symbolisieren soll.

Nach dem Deutsch-Französischen Krieg 1870/71 musste Frankreich Elsass und Lothringen an das neu gegründete wilhelminische Kaiserreich abtreten. Die preußischen Machthaber erweiterten die Stadt um eine klar gegliederte Neustadt: »Politik durch Bauen« war für Bismarck die Maxime deutscher Regentschaft. Wilhelminische Renommierbauten aus dem letzten Viertel des 19. Jh. umstehen die **Place de la République** 7. Die Westseite des weiträumigen Karrees mit einer Grünanlage in der Mitte beherrscht das protzig-massige **Palais du Rhin** 8, das ein Berliner Architekt für Kaiser Wilhelm II. baute. Die breiten Prachtstraßen wie die großzügige **Avenue de la Liberté** und die repräsentativen Gebäude in allen Spielarten des Historismus, mal dem Mittelalter nachempfunden, mal mit neoklassizistischer Attitude, sind heute begehrte Adressen. Als gelungenste Schöpfung der wilhelminischen Architektur in Straßburg gilt das ebenfalls von einem Berliner Architekten errichtete Universitätshauptgebäude mit seiner 125 m breiten Schaufront zur **Place de l'Université** 9.

### Abstecher zum Europa-Viertel

Für alle politisch Interessierten, die sehen wollen, wo über die europäische Zukunft debattiert wird, ist das moderne, weitläufige Europaviertel mit seinen Grünflächen und Wasserwegen ein spannendes Ziel. An der Ill entlang ist es nur ein halbstündiger Spaziergang von der Innenstadt bis zum Bassin de l'Ill, von dem in vier Richtungen Ill und Canal de la Marne au Rhin weiterfließen. 1958, als Straßburg Sitz des Europäischen Parlaments wurde, begann eine neue Epoche. Die elsässische Hauptstadt wurde nach und nach Sitz zahlreicher europäischer Institutionen – heute fast eine Stadt in der Stadt. Die beiden Glaszylinder des Europäischen Gerichtshofs für Menschenrechte, des **Palais des Droits de l'Homme** 10, scheinen über dem Wasser zu schweben. Sie sollen an die Waagschalen der Justitia erinnern. Das futuristische **Parlement Européen** 11 wurde 1999 von über 600 direkt gewählten Parlamentariern bezogen. Rund um das des **Conseil de l'Europe** 12 (Europarat) in einem klotzigen Betonbunker der 1970er-Jahre stehen zahlreiche moderne Kunstwerke auf dem Rasen.

Im angrenzenden **Parc de l'Orangerie** 13, Straßburgs größter städtischer Grünanlage, finden Familien und Erholungsuchende den neoklassizistischen Pavillon Joséphine, einen Minizoo, Spielplätze, einen Ruderbootverleih am See sowie ein Bowling-Center mit Gartenrestaurant.

# STRASSBURG

## Sehenswert

1 Münster
2 Maison Kammerzell
3 St-Thomas
4 Aubette
5 St-Pierre-le-Jeune Protestant
6 Place Broglie
7 Place de la République
8 Palais du Rhin
9 Place de l'Université
10 Palais des Droits de l'Homme

11 Parlament Européen
12 Conseil de l'Europe
13 Parc de l'Orangerie
14 Musée de l'Œuvre Notre-Dame (Frauenwerkmuseum)
15 Musée Alsacien
16 Musée d'Art Moderne et Contemporain
17 Palais Rohan
18 Musée Historique
19 Musée Tomi Ungerer

20 Musée Vodou
21 Barrage Vauban
22 Pont Couverts
23 Place Benjamin Zix
24 Hotel Régent Petite France
25 Pont du Faisan

## In fremden Betten

1 Chut
2 Graffalgar
3 Hannong

## Satt & glücklich

1. Tire-Bouchon
2. La Hache
3. Fink'Stuebel
4. Flam's
5. Meiselocker
6. Le Corde à Linge
7. Kougelhopf
8. Maison des Tanneurs
9. Lohkäs

## Stöbern & entdecken

1. Nappes d'Alsace
2. Atelier de la Maille
3. Bensimon
4. Rue des Orfèvres
5. Village de la Bière
6. Art Collections d'Alsace
7. Maison Alsacienne de Biscuterie
8. Pain d'Epices
9. Un Noël en Alsace

## Wenn die Nacht beginnt

1. Le Saxo
2. Les Aviateurs
3. Les Brasseurs

## Le Rafiot

4. Le Rafiot
5. Le Trolleybus
6. Archipel culturel
7. Bar Champagne

## Sport & Aktivitäten

1. Batorama
2. Velhop

# Einfach überragend – **Cathédrale Notre-Dame**

**Meistens kommt es anders … Diese Binsenwahrheit gilt erst recht, wenn an einem Bauwerk so lange gearbeitet wird wie am Straßburger Münster. Wie an fast allen Kirchen des Mittelalters setzte jede Generation die Arbeit im gerade vorherrschenden Stil fort.**

Die Bauzeit reicht vom 12. Jh. mit noch spätromanischen Formen bis ins Jahr 1439, in dem der Kölner Baumeister Johannes Hultz der Fassade die spätgotische Turmspitze aufsetzte. Zwei hätten es werden sollen, doch über dem komplizierten Muster des Stab- und Maßwerks an der Münsterfassade erhebt sich nur ein einzelner Turm.

## Mittelalterlicher Comicstrip

Eine »Harfe aus Stein« hat Karl Friedrich Schinkel die Westfassade mit ihren drei Figurenportalen, der Fensterrose und den filigranen Maßwerkpartien genannt. Thema des Tympanons am nördlichen Nebenportal ist die Jugend Christi, die Gewändestatuen stellen die Tugenden und Laster dar. Wie eine feine Damengesellschaft mit einem Herrn wirken die Klugen und Törichten Jungfrauen am südlichen Nebenportal. Der Versucher vorne links, von Angesicht ein schöner Adliger aus dem 13. Jh., zeigt auf seiner mit Kröten und Schlangen besetzten Kehrseite, wer er in Wahrheit ist. Den größtenteils leseunkundigen Gläubigen führten die Skulpturenprogramme die Geschehnisse der Bibel wie mittelalterliche Comicstrips plastisch vor Augen.

Das über 30 m hohe, lichte Langhaus wurde im Stil der großen französischen Kathedralen nach nur 30 Jahren Bauzeit 1275 vollendet. Bündel zarter Säulen ummanteln die Pfeiler und helfen, das Gewicht der Gebäudemassen zu tragen. Kostbare Stücke sind die gigantische Orgel von 1385, die um 1500 von Hans Hammer für den berühmte Humanist Geiler von Kaysersberg gemeißelte Kanzel und die mittelalterlichen Glasfenster.

*Mittelalterliche Glasmalerei gibt's zum Bestaunen im Musée de l'Œuvre Notre-Dame.*

**S**
*SPEKTAKEL*

Im Juli und August haben abends **Son et Lumière** Hochsaison – bei den Lichtshows mit musikalischer Untermalung werden die Kathedrale und historische Gebäude in ihrem Umkreis effekt- und stimmungsvoll angestrahlt.

*Vorsicht steifer Nacken! Um die Fassade der »Harfe aus Stein« in ihrer vollen Schönheit zu bewundern, muss man sich schon anstrengen.*

## Engelspfeiler und Astronomische Uhr

Blickfang Nummer eins im südlichen Querschiff ist der von schlanken Statuen ummantelte zentrale Pfeiler, **Engelspfeiler** genannt. Über den vier Evangelisten blasen vier Engel die Trompeten des Jüngsten Gerichts, darüber thront Christus als Weltenrichter, umgeben von drei weiteren Engeln. Anmutige, lebensecht wirkende Gebärden, Gewänder in feinem Faltenwurf, überschlanke Körper: So formvollendet, mit einem Meisterwerk gleich am Beginn, kündigte sich um 1225 der neue, in der Ile de France entstandene Stil der Frühgotik an.

Blickfang Nummer Zwei ist die **Astronomische Uhr.** Dieses Wunderwerk der Technik des 16. Jh. zeigt die Mondphasen, das kopernikanische Planetarium mit den Tierkreiszeichen, Wochentage und den Jahreskalender. Seine zahlreichen Figuren sind sich bewegende Automaten. So zieht jede Viertelstunde eins der personifizierten vier Lebensalter vor dem Sensenmann vorbei, der die vollen Stunden schlägt. Für den berühmten Apostelumgang wird die Kathedrale mittags geschlossen, gegen Eintritt kann man dann sehen, wie die zwölf Apostel vor dem segnenden Christus vorbeiziehen.

## Hoch hinaus

332 Stufen führen im Münster durch ein Labyrinth aus Dächern, Strebebögen und Statuen hinauf zur windumtosten Plattform in 66 m Höhe. Nach hier oben dringt der Lärm der Domplatte nur gedämpft hinauf. Über das Dächermeer der

In der Nähe der Kathedrale liegt die **Place du Marché Gayot**, mit der typisch französischen Vorliebe für Abkürzungen auch PDMG genannt. Der Platz lockt schon tagsüber mit Terrassenlokalen – abends verwandelt er sich in eine Feierzone mit Bars und Clubs. Ob Studentenkneipe, Chill-out-Bar oder Parlamentarierdisco: Im Sommer, wenn alle Tische draußen besetzt sind, glaubt man sich in Straßburgs jungem Szeneviertel fast in mediterranen Gefilden.

Stadt erblickt man in der Achse des achteckigen Vierungsturms das Europaparlament, im Westen die Vogesen. Der 142 m hohe Turm war bis Ende des 19. Jh. der höchste der Christenheit.

## Straßburgs schönstes Fachwerkhaus?

Es kann nur eins geben, und das ist das **Maison Kammerzell** **2**. Auf einem steinernen Unterge-schoss von 1467 ruhen vorkragende Fachwerk-geschosse aus der Renaissance. Der überborden-de Schnitzschmuck zeigt an der zum Münster gerichteten Fassade unter den Fenstern die Tier-kreiszeichen, zwischen den Fenstern des ersten Stocks die »Fünf Sinne« und darüber die »Men-schenalter«. Die Westseite schmücken unter den Fenstern 15 »Musikanten«, zwischen den Fens-tern die »Neun Helden und Heldinnen« und am Eckpfosten die drei göttlichen Tugenden Glaube, Liebe, Hoffnung.

Selbst beim Essen gibt es im Maison Kammerzell noch was zu sehen: Fresken Leo Schnugs schmü-cken die Wände, im gotisch überwölbten Erdge-schoss das Narrenschiff frei nach Sebastian Brant, dazu so aufmunternde Themen wie Henkersmahl-zeit und Tantalus in den Fängen des Alkoholismus. In den oberen Stockwerken geht es mit dörflichen Szenen eher burlesk als schwermütig zu.

**K** *KELSCH*

Nahe der Kathedrale bekommt man die typischen Stoffe aus dem Elsass bei **Nappes d'Alsace** ⓘ (6, rue Mer-cière, Di–Sa 9.30–12, 14–18.30 Uhr): Am laufenden Meter ebenso wie du zu Sets oder Tischdecken verarbeitet gibt es Kelsch-Leinen, die Textilien der Manufaktur Beauvillé und Jacquards.

---

**INFOS/ÖFFNUNGSZEITEN**
**Münster** **1**: Tgl. 8.30–11.15, 12.45–17.45 Uhr, So vormittags wegen der Messe keine Besichtigung, www.cathedrale-strasbourg.fr
**Astronomische Uhr:** Tgl. 11.20 Uhr, Einlass Südportal, Mo–Sa 12 Uhr the-matischer Film, 12.30 Uhr Durchgang der Apostel, Eintritt 3 €, So gratis
**Aussichtsplattform:** April–Sept. 9.30–20 Uhr, Okt.–März 10–18 Uhr, Eintritt 5 €, erm. 3,50 €

---

**KULINARISCHES FÜR ZWISCHENDRIN**
Unter Stichen mit elsässischen Motiven, in vielen schmalen, verschachtelten Räumen mit kleinen Tischen, isst man im **Tire-Bouchon** ❶ Deftiges wie Jambonneau oder Feines wie Duo von Gänseleberpastete (5, rue des Tailleurs de Pierre, T 03 88 22 16 32, www.letirebouchon.fr, tgl. 11.30–15, 18–24 Uhr, Menüs 24,90 €, 29,90 €).
Die regionale Küche im **Maison Kam-merzell** **2** hat kulinarische Ambitionen und ist trotz der touristischen Location nicht zu teuer. Im Sommer sitzt man mit Kathedralblick draußen, an kälteren Tagen drinnen hinter Butzenscheiben (16, place de la Cathédrale, T 03 88 32 42 14, www.maison-kammerzell.com, tgl. 11.30–14.30, 19.30–23 Uhr, Hauptgerichte 20–27 €).

**Faltplan:** E/F 4/5 | Cityplan S. 32

## Zu den Originalen

Ein Bonbon für jeden Kunstliebhaber, zeigt das **Musée de l'Œuvre Notre-Dame (Frauenwerkmuseum)** `14` doch nicht nur die aus konservatorischen Gründen ausgelagerten Originalskulpturen des Doms, sondern auch eine exquisite Sammlung oberrheinischer Kunst vom 11. bis 17. Jh. Neben dem kostbaren Glasbild des »Christus von Weißenburg« bildet die Rekonstruktion des Kreuzgangs von Eschau den

*Kunterbunt: das Museé d'Art Moderne*

Höhepunkt der romanischen Abteilung. Im großen Saal der gotischen Originalskulpturen des Münsters kann man die zwölf tapsigen Löwen vom Wimperg des Hauptportals oder Ecclesia und Synagoge vom Südportal en detail studieren. Den Schwerpunkt des Frauenwerkmuseums bildet die sog. Rheinische Schule des Spätmittelalters. Highlights sind hier die Werke des Basler Malers Konrad Witz (um 1400–1446), die Glasbilder des Straßburgers Peter Hemmel von Andlau (tätig um 1447–1505) sowie die ausdrucksstarken, physiognomisch genau herausgearbeiteten Büsten des niederländischen Bildhauers Nikolaus Gerhaert von Leyden, der um 1465 im damaligen Kunstzentrum Straßburg arbeitete. Auch die Stillleben des Straßburger Malers Sebastian Stoskopff (1597–1657) – rätselhaft-schlicht und meisterhaft ausgeführt – ziehen den Betrachter unwillkürlich in ihren Bann (3, place du Château, Di–So 10–18 Uhr).

## Elsässische Volkskunst

Das **Musée Alsacien** `15` zeigt seine große Sammlung an Hausrat, Trachten, Devotionalien, Spielzeug in drei

Häusern aus dem 17./18. Jh., die zwei reizende Innenhöfe mit umlaufenden Holzgalerien und Schnitzbalken aufweisen (23, quai St-Nicolas, Mi–Mo 10–18 Uhr).

## Bronzepferd auf dem Dach

In einem faszinierenden, schwerelosen Bau des zeitgenössischen Architekten Adrien Fainsilber zeigt das **Musée d'Art Moderne et Contemporain** `16` Werke aus Malerei und Plastik vom 1860 bis heute. Glanzlichter der attraktiven Sammlung sind die Werke von Gustav Doré, Jean/Hans Arp, Max Ernst, Georg Baselitz, Daniel Spoerri (1, place Hans Jean Arp, Di–So 10–18 Uhr)

## Barock, Prunk und Pomp

Drei Museen sind in das prachtvolle barocke **Palais Rohan** `17` integriert, das sich die Fürstbischöfe von Rohan im 18. Jh. bauen ließen. Das **Musée de l'Archéologie** umfasst die elsässische Geschichte von der Prähistorie bis zur Antike. Das **Musée des Arts Décoratifs** beherbergt die prächtig ausgestatteten Staatsgemächer der Rohan-Bischöfe sowie Kunstgewerbe von Möbeln bis zu Tafelsilber. Im **Musée des Beaux-Arts** hängen Meisterwerke europäischer Maler vom 14. bis 19. Jh. (2, place du Château, Mi–Mo 12–18, Sa, So 10–18 Uhr).

## Straßburg damals und heute

Im Renaissancegebäude des Schlachthauses von 1588, der ›Metzig‹, illustriert das **Musée Historique** `18`

Mit rund einem Dutzend Museen kann Straßburg aufwarten, neben dem Frauenwerkmuseum sind auch die anderen einen Umweg wert. Eintritt jeweils 6,50–7 €, Tagesticket für alle Museen 10 €. Weitere Infos: www.musees-strasbourg.eu.

*Flirten, chillen, Wein trinken, im Hintergrund St-Etienne: Auf den Bootsrestaurants am Quai des Pecheurs im Stadtteil Krutenau kann man dem Plätschern der Ill lauschen und gleichzeitig noch entpanntes Sightseeing betreiben.*

auf moderne Weise die Geschichte Straßburgs (2, rue du Vieux Maché aux Poissons, Di–So 10–18 Uhr).

### Ein Museum für den Freigeist

2007 bekam Straßburgs bekanntester zeitgenössischer Künstler (1931–2019) sein eigenes Museum in der neo-klassizistischen Villa Greiner. Gezeigt wird im **Musée Tomi Ungerer** [19] ein repräsentativer Querschnitt durch das Werk des Illustrators und Grafikers von seinen Kinderbuchentwürfen über Werbeplakate bis zu morbid-erotischen und satirischen Zeichnungen (2, av. de la Marseillaise, Mo–So 10–18 Uhr).

### Alles Zauberei?

Das private **Musée Vodou** [20] wurde in einem alten Wasserturm eröffnet. Afrikanische Kultobjekte der religiösen Vodoo-Rituale, Fetische, Amulette, Masken hat der Sammler Marc Arbogast zusammengetragen (4, rue de Koenigshofen, T 03 88 36 15 03, www.chateau-vodou.com, Mi–So 14–18 Uhr, Eintritt 14 €, erm. 8 €).

----

## SCHLEMMEN, SHOPPEN, SCHLAFEN

🏠 **In fremden Betten**

### Zen im Fachwerkhaus
### Chut

Die nette Lage macht's: Das Minihotel in einer ruhigen Ecke der Petite France vereint zeitgenössische Deko mit antiken elsässischen Möbeln vor weißer Wand. Zimmer Nr. 1 im Erdgeschoss und Nr. 8 unterm Dach sind etwas preiswerter, die anderen sechs Zimmer verteilen sich dazwischen im winzigen Fachwerkhaus.
4, rue du Bain aux Plantes, T 03 88 32 05 06, www.booking.com, DZ ab 150 €

### Arty
### Graffalgar ②

Jedes der 38 Zimmer wurde von jungen Künstlern anders gestaltet – mit einfachsten Mittel, Farbe und Fantasie. Von PopArt über Graffiti wird Urban Design hier großgeschrieben. Das junge Boutique-Hotel liegt nahe am Hauptbahnhof, verleiht auch Räder und versteht die eigene Cafeteria auch als Ort der Begegnung, für Ausstellungen und Performances.

17, rue Déserte, T 03 88 24 98 40, www.graffal gar-hotel-strasbourg.de, DZ ab 100 €

### Urbanes Flair
**Hannong**

Flure und das originale Holztreppenhaus sind mit alten Gemälden und Barock-schränken geschmückt, die Rezeption zeigt Hannong-Fayencen, denn früher stand hier die berühmte Manufaktur. Überall in diesem Haus von 1920 liegt noch der originale Parkettboden, die Standard-Zimmer sind relativ klein, aber elegant-modern eingerichtet, die größeren Zimmer deutlich teurer. Ein 4-Sterne-Haus mit Charme, Flair und einer stilvollen Weinbar.

15, rue du 22 Novembre, T 03 88 32 16 22, www.hotel-hannong.com, DZ ab 90 €

............................................................

🍴 **Satt & glücklich**

### Lässig und cool
**La Hache** ❷

Keine traditionelle Winstub, sondern eine moderne Weinbar mit elegant-stylishem Design für Hipster und urbane Kosmopo-liten. Das junge Team offeriert bewusst die Weine aus anderen französischen Re-gionen als dem Elsass. Die Küche ist auch auf den späten Hunger noch eingestellt – bis Mitternacht kann geordert werden. Neben Fisch- und Fleischgerichten fran-zösischer Bistrotküche und international Beliebtem wie Tatar und Burger steht auch Vegetarisches auf der Karte.

11, rue de la Douane, T 03 88 32 34 32, www.la-hache.com, tgl. 12–1.30 Uhr, Mittagsmenü 22 €, abends Hauptgerichte 15–30 €

### Tradition in Bestform
**Fink'Stuebel** ❸

Bemalte Holzpaneele an Wand und Decke, Fachwerkbalken und Wandbild ergeben eine gemütliche Winstubeinrich-tung. Neben der üblichen Winstubkarte mit Hausmannskost und zuverlässigen Standards werden eine erstaunliche Auswahl verschiedener Foie gras sowie

originelle Speisen wie Big Mac aus Lachs und Matjes angeboten. Kein Wunder, dass jeder Tisch besetzt ist.

26, rue Finkwiller, T 03 88 25 07 57, www.res taurant-finkstuebel.com, Di–Sa 12–14, 19–22 Uhr, Hauptgerichte 16–29 €

### Studentisch
**Flam's** ❹

In leuchtend rot-gelbem Ambiente kommen bei diesem freundlichen kleinen Kettenrestaurant große Bretter mit Flammkuchen *(tarte flambée)* auf den Tisch, man isst mit den Fingern. Die preiswerte Spezialität – hauchdünner, im superheißen Steinbackofen kurz gebackener Brotteig mit einem Belag aus Crème fraîche, Speckstreifen und Zwiebeln – hat hier zahllose Varianten: mit dem würzigen Munster überbacken, mit Ziegenkäse und Honig, mit Hack-fleisch oder Pilzen, baskisch, norwegisch oder spanisch.

29, rue des Frères, T 03 88 36 36 90, www. flams.fr, tgl. 11.30–24 Uhr, Flammkuchen ab 6,30 €, Flam und Vor- oder Nachspeise 16,80 €, preiswertes Kindermenü

### Pfiffig und locker
**Meiselocker** ❺

Die junge Variante der Straßburger Win-stubs passt gut in die studentisch ge-prägte Nachbarschaft und kommt ohne Folklore-Schnickschnack aus. Rotkarierte Tischtücher und elsässische Regional-küche von Lewerknepfles bis Bibeleskäs gibt's auch hier, doch ansonsten ist die Einrichtung wohltuend zurückhaltend und alles andere als altbacken. Weine aus der Region bestellt man glasweise oder im Krug *(pichet)*, im Kindermenü für kleine »Meisen« stehen Knacks oder Hähnchenschnitzel zur Wahl.

39, rue des Frères, T 03 88 22 30 00, www. meiselocker.fr, tgl. 11.30–15, 18–24 Uhr, Menüs 25,90 €, 29,90 €

### Spätzle
**Le Corde à Linge** ❻

Mit Klammern hängt Kleidung an der namengebenden Wäscheleine unter der Decke. Bei sommerlichen Tempe-raturen kann mit Blick aufs Wasser

**# 5**

# Im Gerberviertel –
# **Petite France**

**Das perfekte Programm für einen Sommer-
abend: Zwar hat man die Fachwerk-, Winstub-,
Kopfsteinpflaster- und Schleusenherrlichkeit
höchstselten für sich allein, denn das von Kanälen durchzogene »Kleine Frankreich« ist nach
dem Münster Straßburgs größte Touristenat-
traktion. Doch ein Spaziergang im malerischsten
Winkel der Stadt, früher das Viertel der Gerber,
heute eine herausgeputzte Fachwerkwelt, gehört einfach dazu.**

Zunächst noch eingeschnürt von Vauban-Wehr
und den Ponts Couverts, fächert die Ill sich zu
vier Armen auf, die sich dann Richtung Osten
hinter dem Pont-St-Martin wieder vereinigen.

## Wehrbauten

Nach Plänen des berühmten Militärarchitekten
Sébastien Le Prestre de Vauban (1633–1707)
wurde Ende des 17. Jh. der **Barrage Vauban** `21`,
ein Stauwehr aus 13 Bogen, errichtet. Das Wunderwerk der Militärtechnik ermöglichte im Falle
eines bevorstehenden Angriffs die Überflutung
der Ebene südlich der Stadt, wie es im Krieg
1870/71 auch geschah. Auf dem Stauwehr
wurde später eine großzügige Dachterrasse gebaut, von der der Blick über die Ponts Couverts
bis zum Münsterturm schweifen kann – eins
der schönsten Panoramen von Straßburg. Jeden Abend wird dieses Symbol des Straßburger
Stadtbilds durch eine effektvolle Beleuchtung in
Szene gesetzt.

Seit 1784 sind die **Pont Couverts** `22`, die »gedeckten Brücken«, nicht mehr gedeckt. Drei
kopfsteingepflasterten Brücken aus rotem Vogesensandstein ersetzten die mittelalterlichen
holzgedeckten Brücken, was dem malerischen
Anblick keinen Abbruch tut. Im Verein mit den
erhaltenen vier quadratischen Wehrtürmen aus
dem 13./ 14. Jh. sicherte das Befestigungswerk
die vier Ill-Arme, diente aber auch zum Betrieb
der auf die Pfeiler gebauten Mühlen.

**ÜBRIGENS**

Charakteristisch für die
**Gerberhäuser** sind die
gestuften Giebel mit
den einst zum Trocknen
der Häute bestimmten
offenen, langgestreckten
Dachluken auf der Seite
zur Straße hin. Und die
Nähe zum Wasser, das
zum Ausspülen der
Häute in großer Menge
benötigt wurde. Zur Ill
hin liegen die heute
teils verschlossenen,
ursprünglich aber offe-
nen Galerien, in denen
die Gerber ihre Häute
trocknen ließen. Hatte
ein Gerber seine Häute
nicht sorgfältig befestigt,
sah er im wahrsten Sinne
des Wortes »seine Felle
davonschwimmen«.

*Eigentlich zu schön, um wahr zu sein: Das reizende Viertel Petite France in einem stillen Moment.*

## Nichts für empfindliche Nasen

An der kopfsteingepflasterten Rue du Bain aux Plantes stehen die am besten erhaltenen Gerberhäuser. Einst war das Viertel übel beleumundet, weil die hier zum Trocknen aufgehängten Häute ganz erbärmlich stanken. Des Geruchs wegen wurden die Gerber an den südwestlichen Rand der Innenstadt verbannt – heute das Bilderbuchviertel Straßburgs. Die **Maison des Tanneurs** 8 oder Gerwerstub, heute ein gutbürgerliches elsässisches Traditionsrestaurant mit rundum holzverkleideter Einrichtung, wurde 1572 gebaut und erst 1949 als Gerberhaus außer Dienst gestellt. Halb im Souterrain eines Fachwerkhauses liegt die gemütliche Winstub **Lohkäs** 9, deren Kachelofen, alte Holzmöbel und Drehorgel man bereits von außen bewundern kann. Der Lohkäs war das, was von der aus Eichen- und später Fichtenrinde gewonnenen Gerberlohe übrigblieb, wenn das Tannin seine Wirkung getan hatte. Er wurde vom Lohkästreppler, oft einem Kind, mit den Füßen in eine Holzform gepresst, getrocknet und als Brennmaterial verwendet.

**HERKUNFT**

Und woher stammt nun der Name Petite France? Am Anfang stand ein Hospital für Syphiliskranke »Zum Französel«. Als guter reichsdeutscher Bürger des 16. Jh. gab man dem damals weit verbreiteten Übel eben den Namen des feindlichen Nachbarn (die Franzosen wiederum nannten sie die neapolitanische Krankheit).

## Ein Platz zum Verlieben

Zur Linken eine Schleuse, rundherum stehen einige der ältesten und schönsten schwarz-weißen Fachwerkhäuser: Das nach dem Straßburger Maler aus napoleonischer Zeit benannte Platzensemble der **Place Benjamin Zix** 23 gehört zu den meistfotografierten und meistbesuchten Highlights der Stadt. Was auch die Konzentration von Souvenirläden hier und in den angrenzenden Straßen beweist.

## Von der Eisfabrik zum Luxushotel

Von der Rue des Moulins kann man auf Holzstegen um die Schleusen des Bootsanlegers bis zum **Hotel Régent Petite France** 24 spazieren. Der Gebäudekomplex an der Rue des Moulins war von etwa 1900 bis 1990 eine Eisfabrik, in wilhelminischer Zeit »Klareis zur Dünzenmühle«. Drei Turbinen, heute im Hotelkomplex erhaltene Industriedenkmäler, produzierten Eisblöcke für den wachsenden Bedarf der Brauereien. Die **Pont du Faisan** 25 am Beginn der Rue des Moulins, der einstigen Mühlenstraße, wird zwar nicht mehr von Hand betägt, doch noch immer macht die Drehbrücke den Ausflugsbooten den Weg frei: Dann gleitet das Fasanebrueckel, ein technisches Denkmal aus dem Jahr 1888, gemächlich zur Seite.

---

**INFOS/ÖFFNUNGSZEITEN**
**Barrage Vauban** 21: Tgl. 9–19.30 Uhr zugänglich (kein Eintritt).

---

**KULINARISCHES FÜR ZWISCHENDRIN**
Wer mit einem Frühstück mitten in Petite France starten will, kann von der Caféterrasse des **Kougelhopf** 7 (52, rue du Fossé des Tanneurs, Di–Sa 8.30–18, So 8.30–19 Uhr) zum Croissant auch den Blick auf den Bilderbuchplatz Benjamin Zix und das Wasser genießen. Gut elsässisch schlemmen in historischem Ambiente kann man im **Maison des Tanneurs** 8 (42, rue du Bain aux Plantes, T 03 88 32 79 70, www.maison-des-tanneurs.com, Di–Sa 12–14, 19–22 Uhr, Choucroute mit Zander 25 €) und im **Lohkäs** 9 (25, rue du Bain aux Plantes, T 03 88 32 25 06, www.lohkas.com, tgl. 11.45–14, 18–22 Uhr, Hauptgerichte 14–30 €) gegenüber.
Auberginetöne in Designumgebung, an die 60 Drinkvarianten mit Champagner und der Blick durch zwei halbrunde Fenster auf ein Auffangbecken vor dem Wehr machen die **Bar Champagne** 7 im Hotel Régent Petite France zu einem idealen Ort für einen Aperitif oder einen Absacker (5, rue des Moulins, T 03 88 76 43 43, www.regent-petite-france.com, Bar Champagne tgl. 17–24 Uhr).

auch im Freien speisen – an einem der schönsten Plätze Straßburgs im Viertel Petite France. Spezialität sind hausgemachte Spätzle – mit Pilzen oder Munster, Tomatensauce oder Speck und Zwiebeln.

2, place Benjamin Zix, T 03 88 22 15 17, www. lacordealinge.com, tgl. 11.45–23 Uhr, Hauptgerichte 15–22 €

........................................................

 **Stöbern & entdecken**

Einkaufsviertel ist das labyrinthische **Gassengewirr nördlich und westlich der Kathedrale,** wo es Feinkost, Kulinarisches und Wein, vor allem in der Rue des Orfèvres, und Mode gibt. Luxusmarken findet man an der **Rue du Vieux Marché aux Poissons,** die bekannten internationalen Kettenlabels an der Rue des Grandes Arcades, eine bunte Mischung vom Teeladen bis zum Discounter in der Grand'Rue, Originelles und französische Modelabel wie Antoine et Lili oder Cotélac in der **Rue des Juifs.**

**Feine Maschen**
**Atelier de la Maille** ②
Die französische Modemarke hat sich auf schlichte Teile mit feinen Details spezialisiert, die »gestrickt«, nicht gewebt sind – von T-Shirts bis Pullis. Für luftigen Sommerstrick und warme Winterware werden ausschließlich Naturfasern von Baumwolle über Seide und Leinen bis zu Soja und Bambus verwendet.

6, rue des Juifs, www.ateliersdelamaille.com, Mo 14–19, Di–Sa 10–19 Uhr

**Welche Farbe darf es sein?**
**Bensimon** ③
Bunte Turnschuhe im Tennis-Look aus Baumwollstoff sind einer der Renner von Bensimon. Französische VIPs wie Sophie Marceau machten den Schuh zum Trendtreter. Neben Mode für jeden Tag gibt's auch bunte Umhängetaschen, Börsen und Rucksäcke.

10, rue des Juifs, www.bensimon.com, Mo 14–19, Di–Sa 10–19 Uhr

**Wein, Törtchen, Pralinen und mehr**
**Rue des Orfèvres** ⑥
Wie der Name verrät, war dies einst die Straße der Goldschmiede – heute ist sie ein Mekka für Genießer. Hier gibt es Gänseleber in allen Varianten und Feinkost vom Feinsten, dazwischen die Bäckerei der Gastronomenfamilie Westermann, die feine Chocolaterie Weiss, die Käsespezialisten der Maison Lorho, die alteingesessene Metzgerei Frick Lutz, die vor allem für Crémants bekannte Winzergenossenschaft Wolfberger aus Eguisheim, die Chambre aux Confitures mit feinen Fruchtaufstrichen und die typisch französische Törtchenkunst in der Pâtisserie Naegel.

---

### ES WEIHNACHTET SEHR

Die elsässischen Bredele gibt's in der **Maison Alsacienne de Biscuiterie** ⑦ das ganze Jahr über: Anisbredele, Pistazienmakronen, Mandelplätzchen, Spekulatius, die auch im Sommer schmecken, sind eigentlich immer schöne Mitbringsel zum Verschenken oder für zu Hause, ob lose, abgepackt in Tütchen oder in schönen Blechdosen (16, rue du Dôme, www.maison-alsacienne-biscuiterie.com, Mo 10–19, Di–Sa 9–19, So 10–18 Uhr). Im Lebkuchenhaus **Pain d'Epices** ⑧ von Mireille Oster gibt es die elsässische Spezialität in völlig verschiedenen Geschmacksrichtungen, etwa mit kandierter Orange, Feigen oder Schokolade (14, rue des Dentelles, www.mireille-oster.com, So, Mo 10–19, Di–Sa 9–19 Uhr). Nebenan, in dem schmalen Souvenirladen **Un Noël en Alsace** ⑨ ist das ganze Jahr über Weihnachten. Schönes Mitbringsel ist allerlei Schmuckwerk für die Adventsdekoration oder den Tannenbaum (10, rue des Dentelles, www.noelenalsace.fr, Mo 14–19, Di–Sa 10–19 Uhr).

### Hopfenheld
**Village de la Bière**
Unter den über 400 Biersorten sind regionale und internationale Craftbeer-Spezialitäten: Wenn es etwas Besonderes sein soll – ein belgisches Starkbier, ein Himbeerbier, ein elsässisches Weihnachtsbier –, ist man hier richtig. Lieben Freunden bringt man eins der Gläser mit der *Alsacienne sans culottes* mit, der Elsässerin ohne Hose.
22, rue des Frères, Mo 14–19.30, Di–Fr 10–12.30, 14.30–19.30, Sa 10–19.30 Uhr

### Elsässer Kunsthandwerk
**Art Collections d'Alsace**
Von Kunsthandwerkern hergestellte bemalte Holzhocker und geschnitzte Bauernstühle aus Buche, Keramik, Tischdecken aus dem traditionellen Kelsch-Leinen, Kissen, Glasmalerei, mal traditionell, mal in einer moderneren Linie.
4, place du Marché aux Poissons, www.arts-collections-alsace.com, Di–Fr 10–12, 14–19, Sa 10–12, 14–18 Uhr

 **Wenn die Nacht beginnt**

### Oldschool
**Le Saxo**
Im Saxo schlürft man seinen Drink bei leiser Hintergrundmusik. Mahagoniholz, Aluminium, Backstein, Schwarz-Weiß-Fotos und gedämpftes Licht ergeben ein rustikal-schickes Ambiente, in dem sich ein durchweg über 30 Jahre altes Publikum vergnügt. Die Cocktails sind gut und recht günstig.
8, rue des Frères, tgl. 11–3.30 Uhr

### Evergreen
**Les Aviateurs**
Die »amerikanische« Bar ist auch nach Jahrzehnten immer noch angesagt – besonders hoch geht es zu später Stunde her. An den Wänden hängen zahlreiche Plakate und Fotos aus der namengebenden Luftfahrt, von der Decke zwei Flugzeuge. Das auch altersmäßig gemischte Publikum –

Studenten und Parlamentarier, Künstler und Presseleute – amüsiert sich nach Kräften auf der Tanzfläche, deren Enge bekanntermaßen zur Kontaktaufnahme animiert.
12, rue des Sœurs, www.les-aviateurs.com, tgl. 19–4 Uhr

### Mikrobrasserie
**Les Brasseurs**
Die bei jungen Leuten beliebte rustikale Bierbar bietet preiswerte Speisen wie Flammkuchen vom Holzbrett und das eigene vor Ort gebraute Bier an, Blanche, Blonde, Ambrée und Brune. Um eine Riesenbar im Karree sind weinrote Kunstledersitze angeordnet, am Eingang steht der Kupferbraukessel. Experimentierfreudige bestellen einen der Biercocktails.
22, rue des Veaux, 67000 Strasbourg, T 03 88 36 12 13, www.aubrasseur.fr, tgl. 11–1 Uhr

### Drinks an Deck
**Le Rafiot**
Liegeplätze für Mensch und Boot: La Plage nennen Einheimische den Quai des Pêcheurs, weil dort mehrere zu Bars umfunktionierte Flusskähne fest vertäut sind und am Ufer Liegestühle und Korbsessel stehen. Darin kann man am »Strand« auch ohne Sand, aber mit Blick auf das Wasser den Aperitif ganz fabelhaft genießen – besonders an einem lauen Sommerabend. Die Deckterrasse des pflaumenblauen Le Rafiot stellt auch nachmittags einen der schönsten Orte von Straßburg dar, um einen Kaffee zu trinken. Spätabends verwandelt sich der in Holz und Kupfer gestylte Schiffsbauch in einen DJ-Club mit 1980er-Jahre-Musik und Vinyl-Partys.
Quai des Pêcheurs, 67000 Strasbourg, www.rafiot.net, T 03 88 36 36 16, So–Do 14–1, Fr, Sa 14–5 Uhr

### Lässig und relaxt
**Le Trolleybus**
Das Lokal in einer ruhigen Seitenstraße in der Fußgängerzone unweit der Place Kléber fungiert tagsüber als sympathisches, relaxtes Café mit halbwegs zivilen

Preisen und abends als Szenetreff und
Cocktailbar.

14, rue Ste-Barbe, T 03 88 32 47 96, Mo–Do
11–1.30, Fr, Sa 11–4, So 14–1.30 Uhr

---

 **Sport & Aktivitäten**

### Mini-Cruises
**Batorama** ❶
Die Fahrt in den Glasdachbooten von
Batorama führt auf der Ill um die Altstadt bis zum Europaviertel. Bei guter
Witterung werden die Glasdächer
hochgeklappt. Tickets gibt's im Shop
am Place de la Cathédrale, an Automaten oder per Online-Reservierung.

Abfahrt am Ill-Ufer unterhalb des Palais Rohan,
April–Dez. halbstündlich 9.30–19, im Sommer
auch 20, 21, 22 Uhr, Jan.–März 4–8 x tgl.,
Audioguide auch auf Deutsch, T 03 88 84 13
13, www.batorama.fr, 13,50 €, erm. 7,80 €

### Fahrradverleih
**Velhop** ❷
Der städtische Service Velhop bietet in
drei Läden und an mehreren automati-
schen Stationen Leihfahrräder an. Die
Stunde kostet 1 €, der Tag 10 €. Ein
Personalausweis und 150 € Kaution
werden verlangt.

Verleihladen: Bahnhof, Grande Verrière, T 09
60 17 74 63, Mo–Fr 8–19, Sa, So 9.30–12.30,
13.30–19 Uhr, im Winter So geschl., www.
velhop.strasbourg.eu

---

**ÜBRIGENS**

Docks reloaded: Rund um das
Bassin d'Austerlitz, an den ehemaligen Hafenkais, entstand das
**Archipel culturel** ⬡, ein schickes,
postmodernes Viertel mit der
Mediathek André Malraux, der Cité
de la Danse et de la Musique, dem
Wissenschaftsmuseum Le Vaisseau,
dem Kulturzentrum Le Shadok und
der Shoppingmall Rivetoile (Tram A,
D, Haltestelle Etoile-Bourse).

---

*Darf es eine Scheibe mehr sein? Von
den köstlichen elsässischen Würsten
probieren Marktbesucher gerne.*

---

## INFOS

**Office de Tourisme:** 17, pl. de la
Cathédrale, T 03 88 52 28 28, www.
otstrasbourg.fr.

**Verkehr:** Straßburgs Tram mit sechs
Linien fährt zwischen 4.30 und 0.30
Uhr, etwa im 5–10-Minuten-Takt. Für
die Innenstadt sind die Haltestellen
Langstross/Grand'Rue, Broglie und Porte
de l'Hôpital ideal. Infos: Allo CTS, www.
cts-strasbourg.fr. Tickets bekommt man
am Bahnhof und an den Haltestellen
sowie bei Banken und Geschäften mit
CTS-Logo. Fahrscheine werden auf dem
Bahnsteig entwertet. Ein Einzelfahr-
schein kostet 1,70 €, ein Tagesticket
4,60 € (»24 h solo«).

**Europarat:** Av. de l'Europe, Führung
Mo–Fr in der sitzungsfreien Zeit nach
Voranmeldung unter www.coe.int.

**Europaparlament:** Allée du Printemps,
Besuchertribüne bei Plenartagungen,
Termine unter www.europarl.europa.eu/
visiting/de. Tram B, Haltestelle Wacken.

# Die Weinstraße

Die hübschen Fachwerkorte inmitten hügeliger Weinfelder sind mit ihren urigen Weinstuben und der deftig-rustikalen Küche, mit ihren Storchennestern und überbordendem Blumenschmuck beliebte Reiseziele im Dreiländereck Frankreich – Deutschland – Schweiz. Gerade weil der elsässische Wein im Weinland Frankreich selbst nur eine kleine Rolle spielt, ist die Direktvermarktung vor Ort um so wichtiger. Und so windet sich die Route du Vin im Zickzack von Nord nach Süd durch das gesamte Elsass und berührt nahezu jeden Ort am Fuße der Vogesen.

# Von Rosheim bis Dambach-la-Ville

◻ D 5–7

Schon die Römer wussten, dass sich die Hanglagen der Vogesenvorberge mit ihren Sand- und Kalksteinböden ausgezeichnet zum Weinbau eignen. Das Vogesenmassiv und die warme Rheinebene sorgen für wenig Regen, viel Sonne und eine windgeschützte Lage, alles in allem also für optimale Weinbaubedingungen. Die Route de Vins d'Alsace beginnt in Marlenheim und führt im Zickzack nach Süden – sie gilt als die touristische Hauptschlagader des Elsass.

### Durch die Gassen schlendern
Durch vier spätmittelalterliche Stadttore muss man fahren, um das ansehnliche Städtchen **Rosheim** (◻ D 5) zu durchqueren, welches sich an einer Hauptstraße entlangzieht. 1354 wurde die schon unter den Staufern wohlhabende Stadt Mitglied des Zehnstädtebundes. Die Maison Paienne, ein trutzig wirkendes romanisches Haus aus dem 12. Jh., hatte zur Erbauungszeit lediglich einen Eingang im ersten Stock. So weist das äußerst seltene Beispiel eines so frühen Wohnhauses auf die sicherheitsbedürftigen Zeiten hin.

### Am Fuße des Odilienbergs
Der nette, unspektakuläre Ort **Ottrott** (◻ D 6) empfiehlt sich als Quartier für Wanderungen und Ausflüge. Er besteht aus dem Unterdorf, wo die Winzer wohnen, und dem schmuckeren Oberdorf, wo die meisten Hotel-Restaurants liegen. In der Umgebung verlocken artenreiche Wiesen, auf denen sogar Wildorchideen wie das Helmknabenkraut blühen, zu Spaziergängen. Der Bilderbuchweiler **Bœrsch** (◻ D 5) gilt seit dem politischen Zeichner Hansi

als Miniaturausgabe eines typischen elsässischen Dorfs: Spätmittelalterliche Stadttore, Fachwerkhäuser, Rathaus, Brunnen und mehrere Winzerhäuser aus der Renaissance erinnern an die »gute« alte Zeit.

### Weinstädte mit Flair
In **Obernai** (◻ D 5/6), einst Mitglied im Zehnstädtebund und heute einer der schönsten Weinorte im Elsass, führt ein halbstündiger Spaziergang um die fast vollständige Stadtmauer mit wehrhaften Türmen und einem tiefen, mit bunten Gärten ausgefüllten Graben. An der Place du Marché, dem geschäftigen Zentrum, trifft man auf die Hauptsehenswürdigkeiten: den fast 60 m hohen Kapellturm aus dem 13. Jh. mit seiner Renaissancebalustrade, das Rathaus, den üppig verzierten Sechseimerbrunnen *(Puits à Six Seaux)*, die Kornhalle *(Halle aux Blés)* aus dem Jahr 1554 (heute Bierrestaurant) und den verwunschenen Fachwerkhof Cour Fastinger aus dem 16. Jh. mit fantasievollen Holzschnitzereien.
Die kleine Weinstadt **Barr** (◻ D 6) besitzt ein charmantes Zentrum mit viel Fachwerk und einem Renaissancerathaus. Über eine Treppe erreicht man den mit Köpfen verzierten romanischen

Kirchturm und von dort einen empfehlenswerten Weinlehrpfad.

### Bärenstark

In dem reizenden, recht untouristischen Örtchen **Andlau** (🗺 D 6) ist die Bärin von Richardis allgegenwärtig – ob auf den Brunnen oder als romanische Skulptur in der Krypta der Klosterkirche (▶ S. 51). Besonders beschaulich sind die Place de la Mairie und die Oberstadt, wo alte Fachwerkhäuser, Anglerbänke und die ehemalige Klostermühle die Andlau säumen.

### Winzerdorf

Das entzückende Ministädtchen **Dambach-la-Ville** (🗺 D 7) mit Fachwerkhäusern und Renaissancerathaus, -brunnen und engen Gassen schmiegt sich in den fast vollständig erhaltenen Mauerring mit drei Stadttoren aus dem 14. Jh. Vom Rathaus führt ein Weinlehrpfad in einer Viertelstunde hoch zur gotischen Chapelle St-Sébastien mit bewohntem romanischem Turm, üppigem barocken Schnitzaltar, finsterem Beinhaus und fantastischem Blick auf Dambach. Von der Kapelle wandert man auf blauem Punkt in ca. 45 Minuten zum gut erhaltenen, restaurierten Château Bernstein aus cremefarbenem Granit,

von dessen Donjon sich ein noch weiterer Blick über die Ebene bietet.

### 🏠 Très chic
#### 5 Terres

Dass zeitgenössisches Design in historischer Architektur auch an der Weinstraße kein Fremdwort mehr ist, beweist das 2016 eröffnete Sofitel-Hotel in Barr. Das Gebäude aus dem 16. Jh. wurde mit zeitgemäßem Komfort ausgestattet, die 26 Zimmer sind elegant eingerichtet, die schöne Weinbar, das mit Bruchsteinen und Holz in Naturtönen eingerichtete Restaurant und ein Spa im Gewölbekeller laden zum Entspannen ein.

11, pl. de l'Hôtel de Ville, 67140 Barr, T 03 3 88 08 28 44, www.5terres-hotel.fr, DZ 160–190 €, Suiten teurer

### 🏠 Zeitlos-elegant
#### Château de Landsberg

In dem im Grünen gelegenen Nachbau der Burg Landsberg westlich von Barr haben alle Zimmer eine Wanne mit integriertem Whirlpool, manche einen offenen Kamin. Das Turmapartment reicht über drei Etagen; Sauna, Indoor-Pool, Fitnessraum, Restaurant, Buffetfrühstück.

133, rue de la Vallée, 67140 Barr, T 03 88 08 52 22, www.chateaulandsberg.fr, DZ 85–140 €

*Spieglein, Spieglein an der Wand, wer hat das schönste Fachwerk im ganzen Land? Dambach-la-Ville liegt zumindest auf den vorderen Plätzen.*

# # 6

# Die Säulen der Erde – an der Romanischen Straße

**Archaische Kulträume, menschenverschlingende Ungeheuer und wuchtige Heilige – die romanischen Kirchen im Elsass entführen in eine Zeit, in der Glaubensgewissheit und existenzielle Ängste Hand in Hand gingen.**

Unter den Kaisern Friedrich Barbarossa und Friedrich II. wurde im Elsass eine Fülle romanischer Kirchen errichtet, ein Indiz für die wirtschaftliche und kulturelle Blüte der Region, die im 12./13. Jh. zum Kernland des staufischen Reichs gehörte.

## Wuchtige Frühromanik

Mit der schlichten, bis auf die Blendbogen an der Apsis-Fassade schmucklosen frühromanischen Kirche **St-Trophîme** , die vermutlich noch vor 1000 erbaut wurde, steht eines der ältesten Gotteshäuser des Elsass in Eschau. Die berühmten Skulpturenkapitelle des Kreuzgangs werden allerdings im **Musée de l'Œuvre Notre-Dame** in Straßburg (▶ S. 37) aufbewahrt. Der mittelalterliche Kräutergarten auf der anderen Straßenseite erinnert an die Ordensfrauen, die ab 1143 Pilger in ihrem Hospital verköstigten und pflegten.

## Ungeheuer auf dem Dach

Die Kirche **St-Pierre-et-St-Paul** 2 in Rosheim ist innen und vor allem außen mit plastischem Schmuck geradezu überwuchert: ornamentale Zierfriese, Reliefs mit Bibelgeschichten und den Symbolen der Evangelisten und – eine Pionierleistung im damaligen Elsass – vollplastische Figuren von Ungeheuern, Tieren und Menschen. Die Figur des hockenden Mannes auf dem Schrägdach des Turms wird von manchen Forschern für einen Juden mit Geldbörse gehalten und als Indiz des mittelalterlichen Antisemitismus gewertet, von anderen dagegen als Baumeister mit Mörtelschale interpretiert.

---

**F**
**FESTIVAL**

Möchten Sie die romanischen Kirchen einmal ganz anders erleben? Das **Festival Voix et Route Romane** 1 macht es möglich: Im Sommer finden Konzerte mittelalterlicher Musik in elsässischen Kirchen, Burgen und anderen stimmungsvollen Stätten statt (Aug./Sept., www.voix-romane.com).

## Heiliges und Heidnisches

Die dem Paradies gewidmete Portalplastik sowie der Relieffries außen am Westwerk der **Abbatiale Sts-Pierre-et-Paul** 3 in Andlau gehören zum Faszinierendsten, was die Bildhauer der elsässischen Romanik geschaffen haben. Man entdeckt kämpfende Ritter, Menschen verschlingende Ungeheuer, Furcht erregende Löwen, Drachen, Zentauren, Greifen, einen Elefant mit Gefechtsturm. Für die des Lebens und Schreibens unkundigen Gläubigen stellten die biblischen Geschichten, Heiligen und Gottesdarstellungen eine in Stein gemeißelte Bibel dar; sie verkörperten Erlösung und Heilsgewissheit. Die fantastischen Bilder stehen dagegen wohl für Ängste, Sehnsüchte, Aberglauben und knüpfen an heidnische Überlieferungen an, die, von der Kirche bekämpft, ungebrochen in ihrer Macht weiterlebten.

## Geschichtete Schädel

Die reizende **Chapelle Ste-Marguerite** 4 am Ortsrand von Epfig besitzt eine mit gedrungenen Säulenfenstern rhythmisch gegliederte, im Elsass einzigartige Vorhalle; im Innern sind in der Kapelle auch Reste der Wandmalereien zu sehen. Drumherum befindet sich ein stiller Friedhof, eine dunkle Eibenallee, daneben ein Beinhaus mit säuberlich aufgeschichteten Schädeln: ein nachdenklich stimmender Ort, der seine ganz besondere Magie vor allem im warmen Licht der untergehenden Sonne entfaltet.

*Unter Kunstkennern gilt St-Pierre-et-Paul in Rosheim als der schönste Kirchenbau der elsässischen Romanik.*

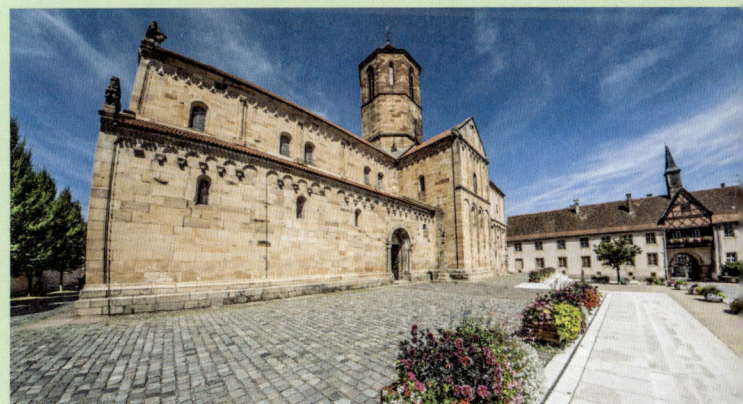

INFOS/ÖFFNUNGSZEITEN

Mehr als 100 dieser wuchtigen, schlichten Gotteshäuser und andere Baudenkmäler der Epoche sind zur sogenannten **Route Romane** verbunden worden. Ein blau-grün-rotes Signet mit drei Rundbogen weist von Wissembourg im Norden bis Feldbach im Süden auf interessante Bauten entlang dieser Straße der Romanik hin (www.landeskunde-online.de/rhein/elsass/romanik/romanische_strasse.htm).

**St-Trophîme** **1** : Eschau, tgl. 8–19 Uhr

**St-Pierre-et-St-Paul** **2** : Rosheim, tgl. 9–19, Juli/Aug. 10–17 Uhr

**Abbatiale Sts-Pierre-et-Paul** **3** : Andlau, tgl. 9–18 Uhr

**Chapelle Ste-Marguerite** **4** : Epfig, Mai–Sept. 8–20, Okt.–April 8–17 Uhr, www.ste-marguerite-epfig.fr

FEINE WEINE

**André Ostertag** **i** : 87, rue Finckwiller, 67680 Epfig, T 03 88 85 51 34, www.domaine-ostertag.fr. Seit mehr als drei Jahrzehnten vinifiziert Ostertag nach biodynamisch-ganzheitlichen Regeln Trauben, die Arbeit erfolgt von Hand, auch der Mondkalender ist von Bedeutung. Früher wurde der Pionier noch belächelt oder sogar angefeindet, heute machen seine Weine in der Spitzengastronomie von New York bis Tokio Furore und immer mehr Winzer tun es ihm gleich.

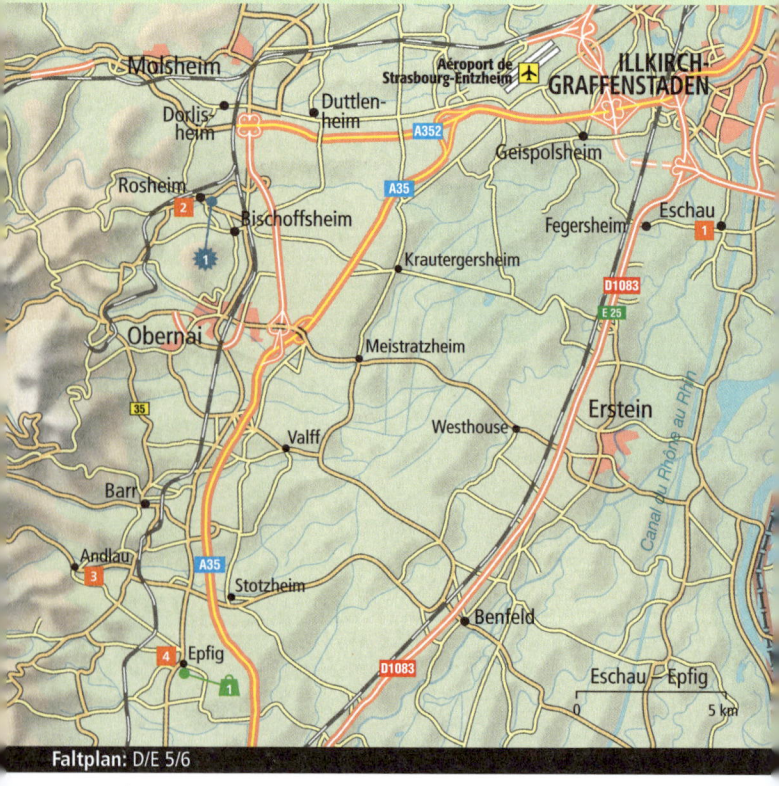

**Faltplan:** D/E 5/6

## 🏠 In einer alten Mühle
### Zinck Hôtel
Die 18 farbbetonten, originellen Zimmer haben alle ein verschiedenes Thema (›Zen‹, ›Baroque‹, ›Tausendundeine Nacht‹) und auch preislich unterschiedliche Größen von 15–30 m², im Frühstücksraum steht das erhalten gebliebene Mühlrad.

13, rue de la Marne, 67140 Andlau, T 03 88 08 27 30, www.zinckhotel.com, DZ 80–110 €

## 🍷 Der Klassiker
### L'Ami Fritz
Eine der emblematischen Winstubs der Region ist eher ein feines Restaurant mit exzellenter, einfallsreicher Küche: Neben vorzüglichem Choucroute gibt es Wachteln auf Linsen oder Kalbsnierchen, dazu die frischen Fritz-Weine. An lauen Sommerabenden sitzt man traumhaft auf der Terrasse unter Platanen, sonst in einem gemütlich-distinguierten, holzvertäfelten Rahmen mit Spindler-Holzintarsienbildern. Einige Zimmer werden am Ortsrand von Ottrott vermietet (DZ 110–210 €).

8, rue des Châteaux, 67530 Ottrott, T 03 88 95 80 81, www.amifritz.com, Menüs 33–72, Do–Di 12–14, 19–21 Uhr

## 🍷 Rustikal
### Au Bœuf Rouge
Alles an dem historischen Postkutschen-Gasthof am Bärenbrunnen in Andlau strahlt Tradition aus. Großmutter Anna war für Wildgerichte bekannt, Vater André als Saucenspezialist, jetzt steht Pierre Kieffer am Herd. Die rustikale Regionalküche bietet ein ausgezeichnetes Preis-Leistungs-Verhältnis.

6, rue du Docteur Stoltz, 67140 Andlau, T 03 88 08 96 26, www.andlau-restaurant.com, Fr–Mi 12–14, Fr–Di 18.30–21 Uhr, Menü 29, 39 €

## 🛍 Rouge d'Ottrott
### Jean-Charles Vonville & fils
Den Pinot Noir, für den der Ort berühmt ist, baut dieser renommierte Winzer als Rotwein im Eichenfass aus.

4, pl. des Tilleuls, 67530 Ottrott, T 03 88 95 80 25, https://vins-vonville.com, Mo–Sa 9–12, 14–18.30, So 9.30–12, 14.30–17 Uhr

## 🛍 Bio-Wein
### Domaine Marc Kreydenweiss
Der Riesling Kastelberg Grand Cru oder der Pinot Noir Kirchberg de Barr Grand Cru zählen zu den Vorzeigetropfen des Weinguts, probierenswert sind aber auch die Terroirweine. Von seinem Vater, einem der Pioniere des bio-dynamischen Weinbaus im Elsass, übernahm Antoine Kreydenweiss 2007 das Weingut. Manche Parzellen werden ausschließlich mit dem Pferd bewirtschaftet.

12, rue Deharbe, 67140 Andlau, T 03 88 08 83, www.kreydenweiss.com, geöffnet nach tel. Anmeldung

## 🧭 Wandern
### Ottrotter Burgen
Nach 30 Min. Waldwanderung (rot-weiß-rot, Beginn Rue des Châteaux im Oberdorf von Ottrott) erreicht man zwei der beeindruckendsten mittelalterlichen Burgen des Elsass: **Rathsamhausen** mit ihrer hoch aufragenden, wenngleich leicht baufällig wirkenden Palastmauer, und gleich 50 m dahinter die etwas kleinere **Lutzelbourg**, die Mitte des 13. Jh. zur Belagerung der ersten, den Staufern gehörenden Burg gebaut wurde. Die Burgen dürfen nur von außen besichtigt werden.

### Andlauer Burgen
Der mit einem blauen Punkt markierte Weg – Beginn am Ortsausgang von Andlau, an der Straße (D 425) nach Le Hohwald, Parkplatz Gasthof Ancienne Scierie – führt in 2,5 Stunden über die auch mit dem Auto erreichbare Gaststätte Maison Forestière Hungerplatz zu den beiden imposanten Burgen aus dem 14. Jh., der **Spesbourg** und der **Haut-Andlau** (📖 D 6).

## ℹ️ Infos
**Office de Tourisme:** 94, rue du Général de Gaulle, 67560 Rosheim, T 03 88 50 75 38, www.rosheim.com.

**Office de Tourisme:** 46, rue Principale, 67530 Ottrott, T 03 88 95 83 84, www.ottrott.fr.

**Office de Tourisme:** Place de l'Hôtel de Ville, T 03 88 08 66 65, www.paysdebarr.fr.

# Eine Burg für den Kaiser – **die Haut-Kœnigsbourg**

**So stellte man sich um die Wende vom 19. zum 20. Jh. die Pracht und Herrlichkeit einer mittelalterlichen Burg vor – urige, altdeutsche Ritterromantik mit repräsentativem Festsaal. Lange Zeit als preußisches Disneyland verspottet, erntet die rekonstruierte Hochkönigsburg heute auch von Fachleuten vorsichtiges Lob.**

Breit und behäbig liegt die **Haut-Kœnigsbourg**  auf einem 755 m hohen Felssporn der Vogesen – ein 270 m langes Schiff aus rosafarbenem Sandstein. Und – sie hat Dächer. Alle anderen elsässischen Burgen liegen in Ruinen. Nur die Hochkönigsburg nicht. Ihre Ruinen ließ der deutsche Kaiser Wilhelm II. in den Jahren 1900–1908 als Symbol der Inbesitznahme von Elsass-Lothringen neu errichten. Der junge Berliner Architekt Bodo Ebhardt (1865–1945) machte seine Sache sogar historisch relativ korrekt. Lange währte die Freude über die neuerrichtete Hochkönigsburg für den Kaiser allerdings nicht: 1918, am Ende des Ersten Weltkriegs, fiel das Elsass zurück an Frankreich.

## Kein Kaiserwetter zur Einweihung

Zu Beginn des 12. Jh. ließ Herzog Friedrich II. von Schwaben, der ›Einäugige‹, den Bergkegel zur Kontrolle zweier wichtiger Handelsstraßen befestigen. Der Hauptstützpunkt der staufischen Macht am Oberrhein war eine romanische Doppelburg, die 1462 zerstört und danach als spätmittelalterliche Anlage neu errichtet wurde. Diese Burg, die im 16. Jh. sukzessive mit Artilleriebefestigungen gegen die neuen Feuerwaffen verstärkt und 1633 von den Schweden im Dreißigjährigen Krieg zerstört wurde, machte Ebhardt zum Ausgangspunkt seiner Rekonstruktion. Die imposante Ringmauer ist durchgehend mit gedeckten Wehrgängen bekrönt und weist wie der Torturm mit Fallgitter und der quadratische Bergfried auf den ausgeklügelten Verteidigungscharakter der Burg hin. Am 13. Mai

*Preußischer Größenwahn oder einfach nur schön? An der Haut-Kœnigsburg scheiden sich die Geister.*

1908, dem Tag der Einweihung, die prächtig gefeiert werden sollte, regnete es in Strömen.

## Welches Mittelalter hätten's gern?

Die Holzgalerien sind mit Fresken zum Thema der *neuf preux* geschmückt, neun mittelalterlicher Helden wie Karl der Große und König Artus, die Wohngemächer luxuriös eingerichtet. Aus ganz Europa zusammengetragene Originalmöbel vom ausgehenden Mittelalter bis zum Dreißigjährigen Krieg vermitteln ein quasi authentisches Bild vom Leben der Herrschaften. Besonders prunkvoll präsentiert sich der Festsaal, in dem Kaiser Wilhelm pompöse Empfänge feiern wollte. Der Straßburger Leo Schnug (1878–1933) malte ihn mit historistischen Themen wie einem Ritterturnier, edlen Damen und der Belagerung der Burg im Jahre 1462 aus. Nicht nur Wohn- und Schlafgemächer, auch die Burgkapelle, eine Waffenkammer mit spätmittelalterlichen Waffen, Küche, Brunnen und Zisternen wurden wiederaufgebaut. Von der Westbastion, die das Hauptverteidigungswerk darstellte, reicht das Panorama über die elsässische Tiefebene bis zum Schwarzwald und im Süden bis zu den Alpen.

---

INFOS/ÖFFNUNGSZEITEN
**Haut-Koenigsbourg** 1: www.haut-koenigsbourg.fr (auch in Deutsch), Nov.–Feb. tgl. 9.30–12, 13–16.30, März, Okt. 9.30–17, April/Mai, Sept. 9.15–17.15, Juni–Aug. 9.15–18 Uhr, Eintritt 9 €, erm. 4–7 €. Museumsnacht, Fantasy-Tage für Kinder, Konzerte u.v.m.
**Shuttlebus Navette du Haut-Koenigsbourg:** T 09 72 67 67 67, Mitte Juni– Mitte Sept. tgl., sonst Sa/So vom Bahnhof von Sélestat zur Haut-Koenigsbourg, ca. 6 x tgl., 2,50 €

---

IN FREMDEN BETTEN
**Clos de Sources** 1: Route du Haut-Koenigsburg, 68590 Thannenkirch, T 03 89 73 10 01, www.leclosdessources.

com, DZ je nach Größe 104–204 €. Das in vierter Generation geführte Traditionshaus mit 33 Zimmern und Ökolabel ist Mitglied der »Naturhotels« und wurde 2015 komplett modernisiert.

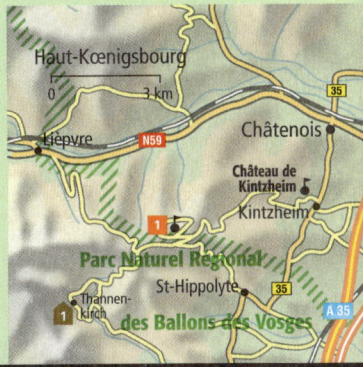

---

Faltplan: C 7

## IN DER UMGEBUNG

### Landpomeranzen

In ländlicher Idylle findet man in **Avolsheim** (📖 D 5) neben einer ›tausendjährigen‹ Linde den schlichten Dompeter, die wohl älteste Kirche des Elsass (9./10. Jh.). Das winzige kleeblattförmige Baptisterium St-Ulrich (um 1000) mit verblichenen Fresken aus dem 12. Jh. steht im Ort selbst. Am Ausgang des kleinen Weinorts **Rosenwiller** (📖 D 5) in einem idyllischen Wiesental am Waldrand liegt seit dem 14. Jh. ein jüdischer Friedhof – ein melancholisches, stimmungsvolles Meer grauer Stelen und Grabsteine, überwiegend aus dem 19. und 20. Jh. (Beschilderung: Cimetière Israélite). Zu den »schönsten Dörfern Frankreichs« zählt **Mittelbergheim** (📖 D 6). Für seine traditionellen Winzerhäuser bekannt, gibt es dort auch ein Rathaus aus der Renaissance und eine alte Ölmühle (www.mittelbergheim.fr).

### Zum Hinpilgern

Der geschichtsträchtige **Mont Ste-Odile** (📖 D 6) war im Frühmittelalter Herzogssitz und das älteste elsässische Kloster, gegründet von der Äbtissin Odilie, der ›Nationalheiligen‹ des Elsass. Von etwa 670 bis 740 herrschte die Herzogsdynastie der Etichonen im Auftrag der merowingischen Könige im Elsass und gründete die ersten Klöster wie Hohenbourg auf dem Odilienberg, Murbach und Marmoutier. Älteste Teile der Klosteranlage aus leuchtend rotem Sandstein sind die romanische Kreuzkapelle, die Sarkophage von Odilie und ihren herzoglichen Eltern sowie der Kreuzgang. Von den Aussichtsterrassen hoch über dem Vogesenwald hat man einen fantastischen Blick. Als Ausflugs- und Pilgerziel gleichermaßen ist der Odilienberg vor allem während der Hauptsaison ziemlich überlaufen (www.mont-sainte-odile.com, tgl. 8–21 Uhr). Schnüren Sie die Trekking-Boots und schon sind Sie (relativ) allein: Vom gelben Andreaskreuz auf dem Parkplatz unterhalb des Klosters führen zwei Rundwege von je etwa 2,5 Stunden an der **Mur Païen** entlang. Die sog. Heidenmauer, vielleicht eine keltische Fluchtburg des 4. Jh. v. Chr., führt als 8 km langer Wall aus riesigen Steinblöcken um den Gipfel herum. Die **Burgruine Landsberg,** 1198 errichtet, erreicht man nach 15 Minuten Wanderung vom ausgeschilderten Parkplatz an der D 109. Zur gut erhaltenen **Burg Birkenfels** kommt man nach 35 Minuten Fußmarsch, dem blauen Kreuz vom Parkplatz an der N 426 aus folgend. Dort gibt es auch merowingische Gräber und bedeutende Teile der Heidenmauer.

### Einsame Ruine

Die **Ortenbourg** (📖 D 7) ist eine der imposantesten Burgen des Elsass, und sie liegt so einsam und zerstört auf ihrem Vogesenberg, wie die schwedischen Soldaten sie im Dreißigjährigen Krieg zurückließen. Von der Huhnelmühle am Ortsrand von Scherwiller wandert man auf dem mit einem roten Rechteck markierten Pfad etwa 25 Minuten steil bergauf. Zunächst kommt man an der nicht zugänglichen kleineren Ramstein vorbei, die zur

**Ü ÜBRIGENS**

Nicht nur an Pilger vermieten die Patres 80 einfache Zimmer mit WC/Dusche im Klosterkomplex (T 03 88 95 80 53, www.mont-sainte-odile.com, DZ je nach Saison 70–125 €).

Eroberung der etwa 10 Minuten später erreichten Ortenbourg errichtet wurde. Diese, 1260–65 vom deutschen König Rudolf von Habsburg als Hauptstützpunkt seines Geschlechts im Elsass gebaut, fasziniert durch ihren von Falken umkreisten, unregelmäßig fünfeckigen Donjon. Eine 20 m hohe Mantelmauer sicherte den 47 m hohen Turm gegen Geschütze.

---

## KLETTERN IN DEN BÄUMEN

Verschiedene Parcours und Kletter- und Spielspaß für die ganze Familie mit Affenschaukeln, Stegbrücken, Strickleitern und Netzen im Vogesenwald bieten der **Acropark** beim Grand Ballon (4a, route de Guewenheim, 68520 Burnhaupt-le-Haut, T 06 84 67 68 58, www.acropark.fr, Juli, Aug., tgl. 13–19, sonst siehe Website, Eintritt 12–22 €) und der **Parc Alsace Aventure** 7 km südlich von Le Hohwald (Col du Kreuzweg, 67220 Breitenbach, T 03 88 08 32 08, www.parc-alsace-aventure. com, April–Juni, Sept./Okt. Sa 13–18, So 10–18 nur nach Reservierung, Juli/Aug. tgl. 10–19 Uhr, 14–24 €).

---

### Vogesendörfer

Der ruhige, 600–1000 m hoch gelegene Ferienort **Le Hohwald** (🛏 C 6) hat bereits große Tage gesehen: In seiner Glanzzeit zwischen den Weltkriegen suchten hier Sarah Bernard und Konrad Adenauer Erholung. Das Grandhotel aus der Zeit um die Jahrhundertwende vom 19. zum 20. Jh. war ein beliebtes Reiseziel für die Celebrities jener Zeit. Unübersehbar ragt auf einem grünen Hügel Gérard Starcks »Belvédère« (1997) auf, eine zwecklose Konstruktion, die Rätsel aufgibt. Erinnert es den Betrachter an ein ideales römisches Tempelchen, wie es in den Landschaftsgärten des 19. Jh. anzutreffen ist, an eine mittelalterliche Kapelle, den Rohbau eines Fachwerkhauses oder gar ein Klettergerüst für Kinder?

Der kleine Ort **Oberhaslach** (🛏 C 5) liegt im Zentrum eines bewaldeten Eldorados für Wanderer, Fahrrad- und Motorradfahrer, das die Täler von Bruche, Hasel und Mager bilden. Auf markierten Wegen kann man zu Burgruine und den Wasserfällen von **Nideck** (🛏 C 5), zur mächtigen **Wangenbourg** (🛏 C 4) und zum **Château Guirbaden** (🛏 D 5) wandern: Die größte Festungsanlage des Elsass erreicht man vom Hotel Fischhutte auf dem mit einem roten Rechteck gekennzeichneten Weg in 50 Minuten. Im benachbarten **Niederhaslach** (🛏 C 5) lohnt die gotische Stiftskirche Collégiale St-Florent einen Besuch wegen ihrer farbenprächtigen Glasfenster aus dem 14. und 15. Jh. (tgl. 8–19 Uhr).

### 🛏 B&B im Künstlerhaus
### Relais des Marches de l'Est

Die beiden Bildhauer Bénédicte Weber und Sylvain Chartier haben den historischen Vogesenhof von 1838 mit viel Geschmack restauriert und mit ihren Skulpturen geschmückt. Sie bieten Bildhauerkurse und kommentierte Besuche von drei mit zeitgenössischen Skulpturen versehenen Wegen in der Nähe an.
24, rue de Molsheim, Oberhaslach, T 03 88 50 99 60, www.relaisdesmarches.com, DZ mit Frühstück 68–78 €

*Wer seine Nase nicht in ein Weinglas gesteckt hat, ist nicht im Elsass gewesen!*

### Hoch und heilig

Vom Col du Donon führt der Wanderweg mit dem roten Rechteck in etwa einer Stunde auf den **Donon** (📖 B 5). Der höchste Berg der Nordvogesen (1009 m) belohnt den Aufstieg mit Weitblick. Einst befand sich hier ein bedeutendes gallorömisches Merkur-Heiligtum: Auf der Sandsteinplattform des Gipfels liegen Mauerreste der religiösen Gebäude und im 19. Jh. rekonstruierter Tempel. Die Originale der Götterstelen befinden sich im **Archäologischen Museum** in Straßburg

*Weite Ausblicke vom Donon*

### Mahnmal

Das Konzentrationslager **Struthof-Natzwiller** (📖 C 6) in den Vogesen war das einzige nationalsozialistische Vernichtungslager in Westeuropa. Der Ort wurde zu einer umfassenden Gedenkstätte gestaltet. Das **Centre européen du résistant déporté** in einem strengen Bau des Architekten Pierre-Louis Faloci widmet sich der europäischen Dimension von Widerstand und Deportation; das eigentliche Museum umfasst eine einführende Ausstellung zur Geschichte des Konzentrationslagers sowie dessen bauliche Überreste: Die von Stacheldraht und Wachttürmen eingezäunten Baracken, das Krematorium, der Tisch, an dem Ärzte ihre unmenschliche Experimente ausführten, sowie die Gaskammer erinnern an die Opfer des Rassenwahns. Dossiers und kommentierte Führungen helfen Eltern, die mit ihren Kindern die Stätte besuchen, bei der pädagogischen Bewältigung.
www.struthof.fr, März–Mitte April, Mitte Okt.– Dez. tgl. 9–17, Mitte April– Mitte Okt. 9–18.30 Uhr, Eintritt 6 €, erm. 3 €

### 🍴 Coup de Cœur
**Auberge Metzger**

Ob drinnen im schlicht-eleganten Rahmen oder draußen auf der beliebten Terrasse, die saisonale Küche von Yves Metzger wird so geschätzt, dass eine Reservierung empfehlenswert ist. Coup de Cœur, besondere Empfehlung, nennen Franzosen solche Lieblingslokale. Neben den Elsässer Klassikern wie Zander in Riesling oder Kalbsnieren in Senfsauce stehen häufig auch Wildgerichte auf der Speisekarte, Rinderlende mit Pfifferlingen oder Lammkarree mit Kräutern. Im Landgasthof werden auch 15 Zimmer vermietet.
55, rue Principale, 67130 Natzwiller, T 03 88 97 02 42, www.hotel-aubergemetzger.com, Menüs 25–35 €.

# Sélestat 📖 D 7

**Behutsam restauriert, lohnt das Städtchen mit knapp 20000 Einwohnern einen eingehenden Besuch. Das ehemalige Schlettstadt war Freie Reichsstadt und Mitglied des Zehnstädtebundes. Mittelalterliche Kirchen, Renaissancegebäude und vor allem die Bibliothèque Humaniste, ein Hort von alten Manuskripten, Inkunabeln und Briefen, machen Sélestat zu einem visuellen Genuss.**

### Altstadtbummel

Wie es sich für eine mittelalterliche Stadt gehörte, hatte es eine Stadtmauer, von der nur die Tour Neuve und die Tour des Sorcières aus dem 13./14. Jh. erhalten geblieben sind. Am Boulevard Vauban sind Reste der Bastionen (Les Remparts) zu sehen, mit denen Vauban die Stadt im 17. Jh. für Ludwig XIV. befestigte. In dem stillen Viertel mit bescheidenen Häuschen leuchtet nachts am Ufer der gemächlich dahinströmenden Ill die Sarkis-Installation »Le Rêve« von 1993. Das vielleicht schönste Renaissancegebäude Sélestats ist die efeubewachsene **Résidence d'Ebersmunster** ■, das 1543 errichtete Stadtpalais der Äbte (▶ S. 61).

## SÉLESTAT

**Sehenswert**
1 Résidence d'Ebers-
munster
2 St-Georges
3 Ste-Foy
4 Bibliothèque
Humaniste

**In fremden Betten**
1 Hotel de Illwald

**Satt & glücklich**
1 La Vieille Tour

**Sport & Aktivitäten**
1 Canoës du Ried
2 Alsace Canoës

### Wiege des Humanismus

Sélestat war von 1452 an, als hier die in ganz Europa berühmte Lateinschule gegründet wurde, bis etwa 1525 eines der geistigen Zentren des Rheinischen Humanismus. Die Kenntnis der griechischen und römischen Autoren sowie die Beherrschung des klassischen Lateins im Gegensatz zum mittelalterlichen ›Küchenlatein‹ waren die Neuerungen, die der Humanismus in die erstarrte Welt der spätmittelalterlichen Philosophie einbrachte. Jakob Wimpfeling (1450–1528) und Beatus Rhenanus (1485–1547), zwei Hauptvertreter des Humanismus, der Geistesbewegung am Beginn der Moderne, sind in Sélestat geboren und starben auch hier. Mit der Kirche **St-Georges** 2 (pl. St-Georges, tgl. 8–18 Uhr) steht in Sélestat eine der größten gotischen Kirchen des Elsass. Neben der grau-goldenen Renaissancekanzel bilden die drei 1420–1460 entstandenen Chorfenster den kostbarsten Kirchenschatz. Beatus Rhenanus wurde in St-Georges begraben. Sein Hauptwerk ist das 1531 erschienene »Rerum Germanicarum Libri Tres«, eine deutsche Geschichte, die man aufgrund ihres kritischen Quellenstudiums und des Bemühens um unparteiische Schilderung oft als Vorläufer der modernen Geschichtsschreibung anführt.

Die Kirche **Ste-Foy** 3 ist eins der Hauptwerke der elsässischen Romanik und wurde in der zweiten Hälfte des 12. Jh. gebaut (pl. du Marché Vert, tgl. 8–18 Uhr). Bemerkenswert sind das imposante Westwerk mit Vorhalle, die

Türme mit ihrem Reichtum an geometrischen Schmuckformen sowie das in feierliches Dämmerlicht getauchte Kircheninnere aus rotem Vogesensandstein.

*Wahre Buchschätze!*

### Das Buch im Zentrum

Die **Bibliothèque Humaniste** , die zum UNESCO-Weltdokumentenerbe zählt, beherbergt in lichtgeschützten Vitrinen die ältesten Bücher der Region, darunter Klosterhandschriften mit farbenprächtigen Buchmalereien, Inkunabelschätze aus der Frühzeit des Buchdrucks, religiöse Kunst und archäologische Exponate. Den Kern der Bibliothek bilden der Bestand der Schlettstadter Lateinschule und die Schenkung des Beatus Rhenanus an seine Heimatstadt. Nach einer hochgelobten Umgestaltung durch den Architekten Rudy Ricciotti wurde die Bibliothek mit neuer Ausstellung 2018 wiedereröffnet (1, rue de la Bibliothèque, www.bibliothe que-humaniste. fr, Mai–Sept., Dez. Di–So 10–12.30, 13.30–18, Feb.–April, Okt., Nov. Di–So 13.30–17.30 Uhr, Eintritt 6 €, erm. 4 €).

## SCHLEMMEN, SHOPPEN, SCHLAFEN

### 🏠 In fremden Betten

#### Hideaway im Grünen
**Hotel de Illlwald**
Die Traditionsherberge in einer Fachwerk-Hofanlage außerhalb von

Sélestat bietet 16 teils modern, teils rustikal eingerichtete Zimmer und Suiten, Außenpool und Garten, Sauna, Fitnessgeräte und ein elegant-gemütliches Restaurant mit regionaler Gourmetküche.
Le Schnellenbuhl, an der D 424, 67600 Sélestat, Hotel T 03 90 56 11 40, www.illwald.fr, DZ 125–165 €, Hauptgericht ca. 20 €

### 🍴 Satt & glücklich

#### Deftig
**La Vieille Tour** ❶
In der freundlichen Winstub kommen gut zubereitete Regionalspezialitäten auf den Tisch, darüber hinaus aber auch frische Marktküche und Saisonales.
8, rue de la Jauge, 67600 Sélestat, T 03 88 92 15 02, www.vieille-tour.fr, Do–Sa, Mo 12–14, 19–21, So 12–14 Uhr, Menüs 21–42 €

### ⛵ Sport & Aktivitäten

#### Wasserwege
**Canoës du Ried** ❶
35, route de Marckolsheim, T 06 08 91 85 56, www.canoes-du-ried.com, 2 Std. 24,50 €, Tag 32 €.

**Alsace Canoë** ❷
Moulin de la Chapelle, Route de Marckolsheim, T 03 88 08 13 01 und 06 83 78 59 43, www.alsace-canoes.com, 1 Tag 29–35 €.

## INFOS

**Office du Tourisme:** Place d'Armes, T 03 88 58 87 20, www.selestat-haut-koenigsbourg.com.

## TERMINE

**Blumencorso:** Am zweiten Wochenende im August schmücken Tausende von Blüten die Motivwagen beim großen Umzug.

## IN DER UMGEBUNG

### Am und auf dem Wasser

Das **Grand Ried** (📖 F 5–D 8), die weite Flussebene zwischen Straßburg und Colmar, war einst im Mittelalter ein von Wasserläufen durchzogenes Überschwemmungsgebiet, heute ist es ein Zentrum des Gemüseanbaus. Der unter Naturschutz stehende Illwald bildet das größte noch existierende Ried. In **Muttersholtz** (📖 D 7; 7 km östlich von Sélestat) lässt der 1,5 km lange Barfußpfad SensoRied Wanderer die Nähe zur Natur spüren. Er führt durch das artenreiche Ökosystem des Rieds – Natur pur für die ganze Familie (www. sensoried.fr). Der Rhein-Rhône-Kanal lockt dagegen Freizeitkapitäne, Kanusportler und Radler an und auf das Wasser.

In dem beschaulichen Riedort **Ebersmunster** (📖 D 7) reckt weithin sichtbar die wohl schönste Barockkirche des Elsass ihre Zwiebelturmhelme gen Himmel: Die pathetischen Gemälde und der Stuck haben süddeutsche Vorbilder (tgl. 9–12, 14–18 Uhr).

In **Erstein** (📖 E 6) eröffnete 2008 (als eines von mehreren in Europa) das Musée Würth, in dem Werke aus der 17 000 Skulpturen, Gemälde und Grafiken umfassenden Sammlung des »Schraubenkönigs« Reinhold Würth gezeigt werden (Rue Georges Besse, 67158 Erstein, www.musee-wurth.fr, Di–Sa 10–17, So 10–18 Uhr, Eintritt gratis).

### Fixstern für Gourmets

Das stille Dorf in der von Mais- und Tabakkulturen beherrschten Tiefebene, dem Ried, ist weltbekannt: In **Illhaeusern** (📖 D 8) kochen die Haeberlins, seit Jahrzehnten vom Michelin mit drei Sternen bedacht. Für Feinschmecker und ehrgeizige Köche ist die Auberge de l'Ill ein echtes Pilgerziel (www.auberge-de-l-ill.com). In der vierten Generation schaffen die Haeberlins internationale Spitzenküche in ihrem großzügigen und eleganten Restaurant mit Blick auf das idyllische, von Weiden gesäumte Ill-Ufer. Die Preise sind auch gehoben, doch durch den werden sie Aufwand gerechtfertigt. Tipp: Wer unter 35 ist, isst etwas günstiger!

*Kleine Abkühlung gefällig? In Sélestat gibt es nicht nur große kunsthistorische Schätze zu bestaunen, an heißen Tagen lässt sich die Zeit durchaus auch spaßiger vertreiben.*

# Kintzheim 🗺 D 7

### Tierisch

Vor der grandiosen Kulisse der Burgruine von **Kintzheim** (🗺 D 7), im 13. Jh. als Teil des staufischen Burgenrings im Elsass errichtet, lassen die Falkner der Volerie des Aigles ihre Geier, Adler und Habichte fliegen. Nicht immer kommen sie zurück, wie sie sollten, denn die Greifvögel haben ihren eigenen Kopf (Château de Kintzheim, 67600 Kintzheim, T 03 88 92 84 33, www.voleriedesaigles.com, Vorführungen April/Mai, Sept./Okt. Mo–Fr 3 x tgl., Sa/So 4 x; Juni–Aug. 5–6 x tgl., Eintritt 9,50 €, erm. 6,50 €).

Auf der **Montagne des Singes** bei Kintzheim leben rund 200 Berberaffen aus dem Atlasgebirge. Man kann die in Familienverbänden frei lebenden Tiere auf einem Spaziergang durch den Wald beobachten und viel über ihre Lebensweise lernen, ja, man darf sie sogar mit vor Ort erworbenem Futter füttern. Dass es trotzdem wilde Tiere sind, die sich nicht zum Streicheln eignen, erklären einem die mehrspra-chigen Assistenten (La Wick, 67600 Kintzheim, T 03 88 92 11 09, www.montagnedessinges.com, tgl. März/April, Okt./Nov. 10–12, 13–17, Mai/Juni, Sept. 10–12, 13–18, Juli/Aug. 10–18 Uhr, Eintritt 9 €, erm. 5,50 €).

### Dörfer im Rebenmeer

Eingebettet in sanft hügelige Weinfelder, ducken sich zwei der charmantesten Örtchen der Weinstraße hinter ihren gut erhaltenen spätmittelalterlichen Befestigungen: **Bergheim** (🗺 C 8) und **St-Hippolyte** (🗺 C/D 7). Wehrhaft thront das kleine **Zellenberg** (🗺 C 8) auf einem Felsrücken. Fachwerkhäuser, schmale Gassen, ein Storchennest auf dem mittelalterlichen Turm – eine nicht überlaufene Idylle.

### 🔴 Flammkuchenspezialist
**Auberge St-Martin**

Außer Flammkuchen in allen Variationen und zwei Größen tischt man in dem Fachwerkbau die traditionellen Speisen der Regionalküche wie Baeckeoffe und Choucroute auf.

80, rue de la Liberté, 67600 Kintzheim, T 03 88 82 04 78, www.auberge-saintmartin.fr, Do–Di 12–14, 19–22 Uhr, Tartes ab 6 €

*Burgen und Greifvögel passen eigentlich immer zusammen. Wenn sich Falke & Co. vor der imposanten Kintzhemer Burgruine in die Lüfte heben, ist ihnen ein staunendes Publikum sicher.*

# Ribeauvillé, Riquewihr und Kaysersberg 🗺 C 8

**Ribeauvillé zählt zu den schönsten Orten an der Weinstraße. Die herausgeputzte Fachwerk-Romantik ist aber auch der Grund, warum der Ort im Sommer wahre Besuchermassen anzieht. Zusammen mit Riquewihr und Kaysersberg stellt er so etwas wie das Dreigestirn der elsässischen Route des Vins dar. Mit allen Ingredienzien, die hier dazugehören: neben buntem Fachwerk, verwinkelten, kopfsteingepflasterten Gassen, Störchen auf Türmen und Dachfirsten und Blumenschmuck eben auch Souvenirkitsch, überdekorierte Fassaden und die immergleichen Speisekarten.**

### Immer rappelvoll

Am zentralen Rathausplatz **Ribeauvillés** (🗺 C 8) liegen die gotische **Eglise du Couvent des Augustins** mit einem Figurenportal aus dem 15. Jh., das neoklassizistische **Hôtel de Ville** von 1773 sowie die **Tour des Bouchers**, der Metzgerturm aus dem 13. Jh. Der Löwe auf der prachtvollen Mittelsäule des **Renaissancebrunnens** von 1536 hält das Wappen der Rappoltsteiner: einen zerhackten Türken, den Ahnherr Kuno auf dem zweiten Kreuzzug 1147 im Zweikampf besiegt haben soll. Die **Grand'Rue** zieht sich über mehrere Plätze durch das lang gestreckte Städtchen, gesäumt von Bäckereien und Metzgereien, Weinstuben und Restaurants. In der etwas ruhigeren Oberstadt entdeckt man pittoreske Fachwerkensembles und Brunnen, z. B. an der **Place de la Sinne**.

### Das elsässische Rothenburg

Das alte Reichenweier, ein geranien- und fahnengeschmücktes Fachwerk-Freilichtmuseum, gehört nicht grundlos zu den meistbesuchten historischen Orten in Frankreich: 1,5 Mio. Touristen schlendern pro Jahr durch das Winzerdorf, im Sommer steppt hier der Bär. Die überwiegende Mehrheit der Häuser in **Riquewihr** (🗺 C 8) stammt noch aus dem 16. und 17. Jh. und zeugt vom blühenden Wohlstand dieser Zeit. Heute hängt gefühlt an jedem zweiten Haus ein Schild »Ferienwohnung zu vermieten«.

Die zentrale Achse, die **Rue du Général de Gaulle**, führt leicht ansteigend hinauf bis zum **Dolder**, einem mittelalterlichen Torturm. Darin ist ein kleines Stadtmuseum untergebracht; von oben blickt man weit über die mittelalterlichen Gassen und die Ebene (57, rue du Général de Gaulle, www.musee-riquewihr.fr, Juli/Aug. tgl. 14–18 Uhr, April–Juni, Sept.–Okt. nur Sa/So, Eintritt 3 €, mit Tour des Voleurs und Maison de Vigneron 7 €).

*Sie werden beobachtet! Detail in Kaysersberg*

Der Grafiker und Zeichner Hansi alias Jean-Jacques Waltz (1873–1951) hat das Bild vom pittoresk-ländlichen, frankreichtreuen Elsass unter der Knute der lachhaften Preußen wie kein anderer geprägt. Das **Musée Hansi** vereint Ausstellung und Souvenirshop (16, rue du Général de Gaulle, www.hansi.fr, tgl. 10–12.30, 13.30–18 Uhr, Eintritt 3 €, erm. 2 €).

### Unterhalb der Stauferburg

Fachwerkhäuser und Besucher drängen sich in dem malerischen Ort zu Füßen der Burgruine: Auch **Kaysersberg** (🗺 C 8) als touristischer Hotspot der Route des Vins ist nichts für Einsamkeitsuchende. Hingucker in Kaysersberg sind die

# Route des Vins –
# **Weinprobe in Ribeauvillé**

**In dem pittoresken Fachwerkort Ribeauvillé dreht sich alles um Reben und was man daraus machen kann. Winzer und Winstubs stehen im Dienst der Gäste, von denen es viele, für manch einen zu viele gibt.**

Von der Weinstraße im Unterdorf zieht sich Ribeauvillé entlang der Hauptstraße Grand'Rue zum Oberdorf hinauf. Mindestens jedes dritte Fachwerkhaus scheint einen Souvenirladen zu beherbergen. Die grandiosen Rappoltsweiler Burgen, Inbegriff des elsässischen Mittelalters im dunkelgrünen Vogesenwald, beherrschen den Ort optisch noch immer. Das ehemalige Rappoltsweiler stand einst unter der Fuchtel der mächtigen Herren von Rappoltstein, die es 1290 mit einer Stadtmauer umgaben und zum Marktplatz erhoben.

## Mittelalterlicher Musikantenstadl

Die bekannte **Winstub Zum Pfifferhüs** ❶ an der Touristenmeile Grand'Rue erinnert daran, dass die Rappoltsteiner auch Herren der Spielleute waren, der Fahrenden des Elsass. Das größte Volksfest des Elsass, der Pfifferdaj am ersten Sonntag im September, lässt diese Tradition wiederaufleben. Hinter der Fassade mit den barocken Schnitzfiguren von Maria und dem Verkündigungsengel liegt eine Winstub-Institution mit typisch uriger Einrichtung: Trockenblumenhimmel, Holzvertäfelung und Fresken. Auf die Tischdecken mit mittelalterlichen Motiven, u. a. um die lokale Pfeifer-Tradition, kommt Sauerkrautsalat und Blutwurst in Blätterteig oder auch Ausgefalleneres wie Linsen-Hering-Terrine. Die große Auswahl an Weinen der Region versteht sich da von selbst.

## Biologisch gekeltert

Die Parzellen des Weinguts **Louis Sipp** ℹ️ sind über die gesamte mosaikartig gestückelte Weinlage Ribeauvillés verstreut. Die Aufsplitterung ist

▶ INFOS & LESESTOFF

Die Online-Präsenz **www.visitfrenchwine.com** bietet Wissenswertes rund um alle französischen Weinbaugebiete, von Interviews mit Winzern über Zahlen und Fakten bis zu Eventterminen.

*Erst die Arbeit, dann das Vergnügen: Die Weinlese per Hand ist eine harte Arbeit, das Gläschen danach schmeckt umso besser.*

typisch für das Elsass. Deswegen besitzen die elsässischen Spitzenweine ein ausgeprägtes **Terroir** (▶ S. 66). Auch Louis Sipp hat auf seinen 40 ha drei Grand-Cru-Spitzenlagen zu bieten: Kirchberg, Geisberg und Osterberg. Er vermarktet seine bekannten Weine selbst, ist also ein *négociant propriétaire*. Schon seit 2005 werden die Trauben (aller sieben elsässischen Rebsorten) auf biologische Weise angebaut und von Hand geerntet.

## Die Nase schmeckt mit

In einer der weniger besuchten Seitengassen der Grand' Rue stößt man auf die Probierstube der **Distillerie Metté** 🄰. Die Edelbrände von Philippe Traber gehören zur Weltspitze und bestehen nicht nur aus Wein und Obst, sondern auch aus Kakao, Trüffel, Ingwer, Thymian oder Lindenblüten. Wer sogar aus Knoblauch oder Spargel *eaux de vie* brennen kann, muss ein Meister seines Fachs sein. Bestseller des Hauses ist allerdings ein Klassiker: Poire Williams, der Birnenbrand. Fast 80 Sorten produziert die Destillerie, von »Abricot« bis »Vieille Prune«, dazu kommen Tresterbrände und Liköre. Zur Probe ›schnüffelt‹ man nur an den Gläsern – doch mehr als drei Sorten verträgt die beste Nase nicht.

## In der Oberstadt

In einem stattlichen, aus der Renaissance stammenden Winzerhaus verkauft **Jean Sipp** ❸ seine renommierten Weine. Auf 50 Parzellen sind seine Rebflächen verteilt, bestockt mit allen sieben elsässischen Rebsorten. Sein Flaggschiff ist der Riesling Grand Cru Kirchberg, der sich durch ein ausgeprägtes Terroir-Aroma auszeichnet. In der gemütlichen, holzgetäfelten Probierstube, dem *caveau*, kann man auch einen Crémant kosten, den nach der Champagnermethode hergestellten elsässischen Sekt, sowohl aus Pinot-Blanc- als auch aus Pinot-Noir-Trauben weiß gekeltert oder als Rosé.

**Ü ÜBRIGENS**

Der Begriff **Terroir** spielt auf die jeweilige Bodenbeschaffenheit, auf Mikroklima und Topografie an, die alle zusammen das Wachstum der Reben beeinflussen und sich im Charakter des Weins niederschlagen.

---

INFOS/ÖFFNUNGSZEITEN

**Winstub Zum Pfifferhüs** ❶: 14, Grand'Rue, T 03 89 73 62 28, Do–Di 12–14, 18.30–22 Uhr, Menü 26 €
**Louis Sipp** ❶: 5, Grand'Rue, T 03 89 73 60 01, www.sipp.com, Mo–Fr 8–12, 14–18, Sa 9–12, 14.30–18, So 10.30–12, 14.30–18 Uhr, Jan./Feb. So nur nach Voranmeldung

**Distillerie Metté** ❷: 9, rue des Tanneurs, www.distillerie-mette.com, Mo–Fr 10–12, 13.30–18.30, Juni, Sept.–Dez. Sa 14–18 Uhr
**Jean Sipp** ❸: 60, rue de la Fraternité, T 03 89 73 60 02, www.jean-sipp.com, Mo–Sa 8–11.45, 13.30–18, So 10–12 nur nach tel. Voranmeldung

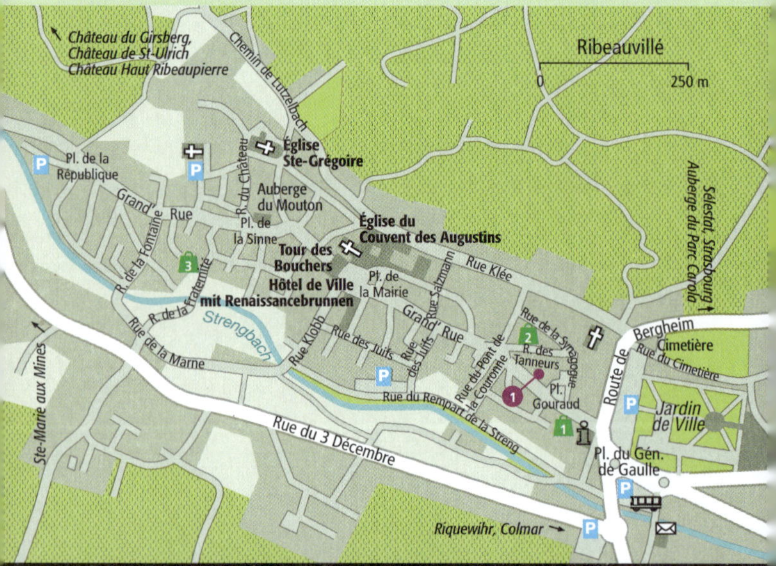

Faltplan: C 8

Kirche mit dem romanischen Tympanon und dem Beinhaus neben der spätmittelalterlichen Michaelskapelle, die staufische Burgruine mit dem Donjon, für die man fünf Minuten ganz schön steil bergauf muss, sowie das romantische Bauensemble der befestigten Brücke über die Weiss. Stolz ist das Städtchen darauf, Geburtsort von Albert Schweitzer (1875–1965) zu sein. Ein kleines Museum erinnert an den »Urwalddoktor« und Friedensnobelpreisträger.

### 🏠 Französischer Landhausstil
**Seigneurs de Ribeaupierre**
Das stilvolle Hotel in einem alten Fachwerkhaus bietet individuelle, liebevoll mit Antiquitäten ausgestattete Zimmer. Die freundlichen Besitzerinnen servieren ein ausgezeichnetes Frühstück.
11, rue du Château, 68150 Ribeauvillé, T 03 89 73 70 31, www.ribeaupierre.com, DZ 165–175 €

### 🍴 Im Takt der Jahreszeiten
**Auberge du Parc Carola**
In einem modernen Ambiente mit einer quasi mediterranen Terrasse erfreut man sich an klassisch französischer Küche (von Daurade über Entrecôte bis zum Lammkarree) mit ausgezeichnetem Preis-Leistungs-Verhältnis.
48, route de Bergheim, 68150 Ribeauvillé, T 03 89 86 05 75, Do–Mo 12–13.30, 19–20.30 Uhr, Menüs 33–68 €

### 🍴 Probier's mal mit Gemütlichkeit
**Winstub Tire-Bouchon**
Drinnen ist das Lokal mit allem dekoriert, was im Elsass offensichtlich dazugehört: Keramik, Jagdtrophäen, Weinfässer …, draußen lädt ein kleiner Innenhof zur Einkehr ein. Die Speisekarte bietet solide, handfeste Kost.
29, rue du Général de Gaulle, 68340 Riquewihr, T 03 89 47 91 61, www.riquewihr-zimmer.com, tgl. 12–14, 18.30–21 Uhr, Hauptgerichte 14–25 €

### 🍴 Sympathisch und gemütlich
**Auberge du Mouton**
Wenn man Geduld hat und durch Ribeauvillé immer weiter schlendert, findet man am Marktplatz mit Brunnen ein hübsches Plätzchen zum Sitzen und

### Ü ÜBRIGENS

In der Männerdomäne Weinbau behaupten sich immer mehr Frauen. Im Elsass haben sich einige **Winzerinnen** im **Verband »Les diVINes«** zusammengeschlossen, darunter die rührige Francine Klur in Katzenthal (www.klur.net), Noëlle Bachert in Barr (www.bachert.fr) und Pascale Zinck in Eguisheim (www.zinck.fr). Online findet man über www.divinesdalsace.com ihre Porträts, Kontaktadressen und aktuelle Termine.

Essen. Das Mittagsmenü überzeugt durch sein Preis-Leistungs-Verhältnis (Salat, Rindertartar und Zitroneneis für 17,90 €). Die Speisekarte setzt nicht nur auf die Elsässer Klassiker, sondern bietet für Fleischliebhaber auch Steaks, Lammkarree, Ente und Schweinebäckchen.
5, place de la Sinne, 68150 Ribeauvillé, T 03 89 73 60 11, www.hoteldumouton.fr, tgl. außer Di und Mi 11.30–14, 18.30–21 Uhr, Hauptgerichte 16–22 €

### 🍴 Gemütlich
**D'Brendelstub**
Der Speisesaal des spätmittelalterlichen Hauses mit alten Holzbalken, Kupfertheke und roten Wänden trägt zur Küchenmagie des Sternerestaurants ›La Table du Gourmet‹ bei. Preiswerter und rustikaler als die Feinschmeckervariante ist die Weinstube D'Brendelstub.
D'Brendelstub, 48, rue du Général de Gaulle, 68340 Riquewihr, T 03 89 86 54 54, www.jlbrendel.com, Do–Mo 12–14, 19.15–21.30, Menüs 21–45 €, Tischreservierung für La Table du Gourmet online vorab

### 🍴 Institution an der Weinstraße
**Winstub Chambard**
Das Restaurant des noblen Hotels Chambard in Kaysersberg ist mit zwei Michelin-Sternen ausgezeichnet. Wessen Budget das übersteigt, der ist mit der stilvollen Winstub gut beraten. In warmer

*Fachwerk, wohin das Auge schaut: Ribeauvillé gilt als eines der schönsten Orte im Elsass – was unzählige Touristen bestätigen werden.*

Atmosphäre freut sich der Gast über traditionelle elsässische Hausmannskost mit modernem Touch und gute Weine.

9–13, rue du Général de Gaulle, 68240 Kaysersberg, T 03 89 47 10 17, www.lechambard.fr, Menü 33 €, Tischreservierung online möglich

### 🍺 Direkt aus der Backstube
**L'Enfariné**

Frisches Gebäck statt Hotelfrühstück, nur eine Quiche oder ein Sandwich statt üppigem Menü mittags, eine leckere Blaubeertarte zum Café, Proviant für die Radtour? Dann ist ein Stopp beim Biobäcker genau das Richtige.

29, rue du Général de Gaulle, 68240 Kaysersberg, T 03 89 47 63 58, www.lenfarine.fr, Di–Sa 6.30–19, So 7.30–13 Uhr

### 🛍️ Wein mit Tradition
**Hugel & Fils**

Traditionswinzerfamilie seit 300 Jahren, streng begrenzte Ertragsmengen. Im sehenswerten alten Caveau liegt das älteste benutzte Fass der Welt, »Caterine« aus dem Jahr 1715. Hier werden alle elsässischen Rebsorten angebaut und gekeltert.

3, rue de la 1ère Armée, 68340 Riquewihr, T 03 89 47 92 15, www.hugel.com, Ostern–Dez. tgl. 9–12, 13–18 Uhr

### 🛍️ Bio-Topp!
**Domaine Weinbach**

Catherine Faller und ihr Sohn Theo produzieren auf dem berühmtesten Weingut der Stadt Kaysersberg (28 ha) nach biodynamischen Prinzipien fruchtige, mineralische Weine.

25, route du Vin, 68240 Kaysersberg, T 03 89 47 13 21, www.domaineweinbach.com, Mo–Fr 9–12, 13–18, Sa 9–12, 13.30–17 Uhr

### 🌿 Biowein
**Domaine Zind-Humbrecht**

Über mehrere Generationen bis ins Jahr 1620 reicht die Geschichte dieser Winzerfamilie in Turckheim zurück. Im Angebot des biodynamisch arbeitenden Weinguts mit 40 ha Rebfläche finden sich rassige, starke Weißweine sowie auch Pinot Noir.

4, route de Colmar, Turckheim, T 03 89 27 02 05, www.zindhumbrecht.fr, nach tel. Voranmeld.

### 🛍️ Für Hobbyköche
**Staub**

Die gusseisernen Schmortöpfe (*Cocottes*) und Pfannen werden zwar nicht mehr im Elsass hergestellt, seit die Manufaktur zum Unternehmen Zwilling gehört, aber immer noch in hochwertiger Handarbeit in Frankreich.

Rue de l'Huilerie, 68230 Turckheim, T 03 89 27 11 55, www.staub.fr, Mo–Sa 10–12.30, 14–18.30 Uhr

### 🅰 Königin der Konfitüren
**Pâtisserie Ferber**

Christine Ferber stellt die besten Konfitüren des Elsass her, Sterneköche von Paris bis New York zählen zu ihren Fans. Nur reife und einwandfreie Früchte wandern in den Kupferkessel, auf Gelierzucker verzichtet die Pâtissière. Rund 200 verschiedene Sorten entstehen in dem kleinen Fachwerkhaus, von Aprikose mit Vanille bis zu Zwetschge. Ihre »Marmeladenbibel« mit 270 Rezepten ist auch auf Deutsch erhältlich (Christian Verlag).
18, rue des Trois Epis, 68230 Niedermorschwihr, T 03 89 27 05 69, www.christineferber.com, Di–Fr 8–12.30, 14–18.30, Sa 8–18, So 9–13 Uhr

### 🕓 In die Waldeinsamkeit

Drei Burgen überragen Ribeauvillé (Rappoltsweiler). Am Sportplatz oberhalb des Lycées beginnt der mit einem gelben Kreuz markierte, anfangs recht steile Burgenrundweg (reine Gehzeit gute 2 Std.), der zunächst zur kleineren Vasallenburg **Girsberg** führt, ein gräulicher Granitbau aus dem 13. Jh. mit fünfeckigem Donjon auf besonders schroffem Felsen. Bald danach erreicht man die sandsteinrote Hauptburg **St-Ulrich** mit dem viereckigen Donjon und der romanischen Fensterreihe des Palas. Auf der im 12. Jh. errichteten Burg, vielleicht die schönste des Elsass, residierten die Rappoltsteiner und empfingen die fahrenden Musikanten. Als Letztes kommt man zur **Haut-Ribeaupierre** oben auf dem Berg mit rundem Donjon. Auch hier saßen Vasallen der Rappoltsteiner.

### ❶ Infos und Termine

**Office du Tourisme:** 1, Grand'Rue, 68150 Ribeauvillé, T 03 89 73 23 23, www.ribeauville-riquewihr.com.
**Office du Tourisme:** 39, rue du Général de Gaulle, 68240 Kaysersberg, T 03 89 78 22 78, www.kaysersberg.com.
**Office du Tourisme:** 2, rue de la 1ère Armée, 68340 Riquewihr, T 03 89 73 23 23, www.ribeauville-riquewihr.com.

**Office du Tourisme:** Corps de Garde, Rue Wickram, Turckheim, T 03 89 27 38 44, www.turckheim.com.
**Pfifferdaj:** Einmal im Jahr fließt Wein aus dem Marktbrunnen, beim größten elsässischen Folkorefest, das am ersten So im Sept. in Ribeauvillé gefeiert wird.

## IN DER UMGEBUNG

### Vor den Toren von Kaysersberg

Die romanische Kirche des im Krieg zerstörten Orts **Sigolsheim** (🗺 C 8) besitzt ein wundervolles Tympanon mit archaischen Heiligen, Fratzen und Monstern (tgl. 8–18 Uhr).
Der befestigte Weinort **Kientzheim** (🗺 C 8) ist deutlich weniger überlaufen als seine bekannteren Nachbarn. Das Musée du Vignoble et des Vins d'Alsace ist im Hof des Château Schwendi untergebracht, das der Weinbruderschaft

---

### WEINPROBE

In Ribeauvillé wie an der ganzen Weinstraße hat man die Qual der Wahl zwischen vielen Probierstuben *(dégustations)*. Während der Weinlese *(vendanges)* muss man mit unregelmäßigen Öffnungszeiten rechnen. Außerdem gilt: Der Winzer speist zu Mittag, darum ist seine Probierstube dann geschlossen. Weinproben sind in der Regel kostenlos, aber es gilt als grob unverschämt, sich die Probiergläschen füllen zu lassen und sich dann mit einem fröhlichen »merci, au revoir« zu verabschieden, ohne etwas zu kaufen. Auch eine einzelne Flasche gilt als unfein. Lassen Sie sich besser nicht die ganze Palette eines Weinguts vorführen, sondern beschränken Sie sich auf drei, höchstens vier Weine. Gemeinhin kauft man 6er- oder 12er-Kartons, die touristischeren Weingüter haben auch Kombipacks im Angebot mit unterschiedlichen Rebsorten.

Confrérie St-Etienne gehört. Wer all die Winzergeräte und ihre Erklärungen fleißig studiert, kommt als Kenner des elsässischen Weinanbaus aus diesem kleinen, altmodischen Museum heraus (1 B, Grand'Rue, www.musee-du-vignoble-alsace.fr, Juni–Okt. tgl. 10–12, 15–18 Uhr, Mai nur Sa/So, Eintritt 5 €, erm. 2 €). Ein appetitanregender Spaziergang führt vom Untertor mit der Lalli-Fratze, einer Schießscharte in Gesichtsform, einmal um die Stadtmauer herum, vorbei an einigen Bauerngärten.

### ⌂ Mittelalterliche Abtei
### L'Abbaye d'Alspach
Lust, ins Kloster zu gehen? Architektonische Hingucker sind die Wendeltreppe und der reizende Innenhof. In den einfach-rustikalen bis nahezu luxuriösen Zimmern, teilweise mit antiken Möbeln eingerichtet, übernachten heute Hotelgäste, die die ruhige Lage schätzen.
2–4, rue Foch, 68240 Kientzheim, T 03 89 47 16 00, www.hotel-abbaye-alspach.com, DZ 100–195 €

### ⊙ Bistronomie
### Côté Vigne
Das Mittagsmenü überzeugt mit gutem Preis-Leistungs-Verhältnis, abends die ansprechende Auswahl auf der dann deutlich umfangreicheren Karte. Die Gerichte von Perlhuhnbrust bis zu Spanferkel sind etwas raffinierter als sonst im Elsass üblich. An schönen Tagen sitzt man auch draußen am Brunnen auf dem Dorfplatz sehr hübsch, drinnen sorgen Steinmauern und Holzbalken für Atmosphäre.
30, Grand Rue, 68240 Kientzheim, T 03 89 22 14 13, www.cote-vigne.fr, Di–Fr 12–13.30, 19–21.30, Sa 19–21.30, So 12–13.30 Uhr, Menüs 29–46 €

### Drei Stadttore und ein Nachtwächter
Von dem berühmten Grand-Cru-Weinberg Brand eröffnet sich ein fantastischer Blick auf das reizende, annähernd dreieckige Städtchen **Turckheim** (🕮 C 9), das den Eingang zum Munster- oder Fechttal bewacht. Die historische Bau-

substanz blieb fast vollständig erhalten, insbesondere Teile der Stadtmauer mit den drei Toren Porte de France, Porte de Brand und Porte de Munster. Außerdem glänzt Turckheim mit einem Rathaus und dem Hôtel des Deux-Clefs aus der Renaissance sowie der Grand'Rue. Als einzige Extravaganz leistet sich Turckheim einen Nachtwächter, der abends mit Laterne und Dreizack seine Runde durch die Gassen dreht. Am Renaissancegebäude Corps de Garde, früher Sitz der Zünfte, Wacht- und Rathaus, geht es los: Ab 22 Uhr können Sie den Nachtwächter auf seiner Runde begleiten (Mai–Okt.).

### Unter dem Schutz der hl. Huna
Ein Spaziergang von etwa 20 Minuten durch die Weinberge führt von Ribeauvillé ins malerische Dorf **Hunawihr** (🕮 C 8). Winzerhäuser säumen die schmalen, ansteigenden Straßen. Die spätmittelalterliche Wehrkirche inmitten des befestigten Friedhofs wird immer wieder in den Touristikbroschüren abgebildet. Im Innern befinden sich Fresken zur Nikolauslegende von 1492 (Mitte Mai–Nov. tgl. 9–18 Uhr). Vom malerischen Ste-Huna-Brunnen neben dem offenen Waschhaus im Unterdorf führt ein Weinlehrpfad mit Erklärungstafeln z. B. zu den Grand-Cru-Lagen Rosacker und Mandelberg (4 km, 1,5 Std.). Die hl. Huna ist die lokale Schutzpatronin der Winzer.

### Rettung der Störche
Anfang der 1980er-Jahre, als nur noch eine Handvoll Weißstorchpaare im Elsass nisteten, sah es so aus, als würde man *Ciconia ciconia* bald nur noch in Plüsch vor den Souvenirläden hängen sehen. Dann richteten Tierschützer Zuchtstationen *(centres de réintroduction)* ein wie **NaturOparC** in Hunawihr, in denen den Störchen ihr Zugtrieb aberzogen wurde. Nach drei Jahren in einer Voliere begeben sie sich nun nicht mehr auf die gefahrvolle Fernreise in südliche Gefilde, auf der so viele Vögel umkamen. Erste Voraussetzung dafür waren winterliche Fütterungen, denn die Feuchtflächen und

Feldraine, aus denen die Störche ihre Nahrung beziehen, wurden und werden durch die monokulturelle Landwirtschaft in der elsässischen Tiefebene vernichtet. Landschaftsschutz wie die Renaturierung von Sümpfen und Flussufern hilft nicht nur beim Erhalt der Störche, ist aber naturgemäß eine länger dauernde Nachhaltigkeitsinitiative. Im Zentrum werden auch Fischotter, Kormorane, Robben und Bisamratten in einer Show gezeigt – alles sehr tier- und kindgerecht. Von einer Aussichtsplattform können Störche beim Fliegen, Füttern oder Nestbau beobachtet werden (Route des Vins, 68150 Hunawihr, T 03 89 73 72 62, www.centredereintro duction.fr, April, Sept., Okt. 10.30–12, 13.30–17.30 Uhr, Sa/So bis 18.30, Juni tgl. 10–17.30, Juli–Aug. tgl. 10–18.30 Uhr, Vorführungen der fischenden Otter 2–3 x nachmittags, Eintritt 10 €, erm. 8/9,50 €).

*Hier schwebt ein wahrer Überlebenskünstler: Der vor einigen Jahrzehnten fast ausgestorbene Storch hat es geschafft und ist mittlerweile nicht mehr nur in Souve-nirläden, sondern auch wieder in freier Natur zu bewundern.*

**# 9**

# Landleben einst –
# Ecomusée d'Alsace

**Das große Freilichtmuseum gibt Einblick in das ländliche Leben »anno dunnemals«: Über 70 historische Fachwerkhäuser aus dem ganzen Elsass wurden vor dem Abriss gerettet und hier wiederaufgebaut.**

Auf dem weitläufigen Gelände geht es stets lebhaft zu: Im Rhythmus der Jahreszeiten kann man in die Alltagskultur des historischen Elsass eintauchen. Böttcher, Korbflechter, Sattler, Schmiede und Wagenbauer demonstrieren ihr handwerkliches Können, ein auf alte Weise angeschirrtes Ochsenpaar zeigt, was ›unter dem Joch gehen‹ bedeutet. Veranstaltungen vom Korndreschen über den Waschtag bis zur Krauternte sorgen für Abwechslung.

## In der Gaisegass

Wie in einem echten Dorf säumen Gebäude die Straße – Ziegengasse, Rue des Chèvres oder auf Elsässisch: Gaisegass. Da stehen sie dann auch im Stall, die Geißen, strecken ihren Kopf heraus und lassen sich streicheln. Dahinter erstrecken sich ein Bauerngarten, komplett mit Vogelscheuche, ein Obsthain und ein kleiner Kanal. Liebevoll wurde die landwirtschaftliche Polykultur der vergangenen Jahrhunderte – Viehzucht, Ackerbau, Weinbau, ein wenig Handwerk – nachgestaltet. Winzige Landarbeiterhäuser vom Beginn des 19. Jh. lassen ahnen, wie beengt die ärmeren Großfamilien wohnten. Nebenan weist eine holzgetäfelte Stube und gutes Geschirr auf bürgerlichen Wohlstand hin.

## Balken-Bau

Fachwerk, also ein tragendes Holzgerüst, dessen Zwischenräume mit einem Holz-Lehm-Gemisch aufgefüllt wurden, ist die Bauweise im Elsass ab dem Mittelalter. Hesingue I, eine stattliche Hofanlage mit einer charakteristischen Laube für Holzlagerung und Wäschetrocknung, weist schon eine Trennung von Stall und Haus auf, die, ganz modern zu der Zeit, höhere Wohnqualität bot. Es ist dennoch eins der ältesten Häuser hier, 1574 im Sundgau er-

INFOS/ÖFFNUNGSZEITEN
**Ecomusée d'Alsace:**
Chemin du Grosswald, südlich von 68190 Ungersheim, T 03 89 74 44 74, www.ecomusee. alsace.de, April–Okt., Dez. tgl. 10–18 Uhr, Eintritt 15 €, erm. 10 €. Winstub, Brasserie und Bäckerei versorgen hungrige Besucher.

*Tea-Time oder Kaffeestunde? Egal, die gemütliche Atmosphäre im Freilichtmuseum stimmt!*

richtet, und besitzt die noch mittelalterliche Ständer-Bauform, die bis etwa 1600 zum Einsatz kam. Die Ständer, also die vertikalen Holzbalken des Gerüsts, reichen vom Boden bis zum Dach. Danach wurden die Fachwerkhäuser des alemannischen Raums in der Rähmbau-Technik errichtet, wobei die einzelnen Geschosse als getrennte Module errichtet wurden. Das erlaubte erstmals das Vorkragen der oberen Stockwerke.

## Ein Mosaik ›historischer Steine‹

Die Burg, umgeben von einem geometrischen Garten und einer Mauer, wurde ursprünglich im 12./13. Jh. als Wehrturm im nahen Mulhouse gebaut, von späteren Überbauten befreit und im Ecomusée Stein für Stein wiedererrichtet. Unter dem nachgebauten hölzernen Wehrturm fand eine bemalte Renaissance-Holzdecke aus der Straßburger Judengasse Platz – hier passt nicht alles zusammen, was so passend wirkt. Kritiker des Ecomusée monieren zwar den unbekümmerten Material-Mix aus Regionen und Epochen, doch ist man sich dessen bewusst, und die auch in Deutsch gehaltenen Infotafeln nennen die authentische Herkunft.

**IN FREMDEN BETTEN**

**Les Loges:** Auf dem Gelände des Ecomusée werden 40 freundliche, wie aus einem Möbelkatalog eingerichtete Maisonette-Apartements in zehn modernen Fachwerkhäuschen (jeweils für 1–5 Personen) vermietet (T 03 69 58 50 25, www.hotelloges.fr, DZ 72 €).

# Colmar und Umgebung

Hier weiß man, wie Bilderbuchidylle geht: Bunte Fachwerkhäuser reihen sich im Viertel »Petite Venise« aneinander, stattliche mittelalterliche Gebäude, verwinkelte Gassen und mit Blumen geschmückte Kanäle sorgen für unwiderstehlichen Charme. Kulturliebhaber zieht es ins Museum Unterlinden im alten Dominikanerinnenkloster – zur umfangreichen Sammlung von mittelalterlicher bis zeitgenössischer Kunst zählt auch der weltberühmte Isenheimer Altar.

# Colmar ⊠ C/D 9

An der drittgrößten Stadt des Elsass mit rund 71 000 Einwohnern fährt kein Tourist vorbei. Die belebte Altstadt ist ein wahres Freilichtmuseum des Fachwerkbaus und historischer Gebäude aus Spätmittelalter und Renaissance. Es versteht sich, dass man die pittoresken Winkel, vom Zeichner Hansi zum Urbild aller Postkarten gemacht, höchstens an einem regnerischen Novembertag für sich allein hat. Berühmt ist Colmar vor allem als Heimat des Isenheimer Altars und der »Madonna im Rosenhag«. Freitags und samstags abends wird die Innenstadt effektvoll mit einer bunten Lichtshow illuminiert.

## Rund um die Kathedrale

Die Martinskirche, eine der bedeutendsten gotischen Kirchen der Region, stammt großteils aus dem 13./14. Jh. Das romanische Südportal von **St-Martin** `1` zeigt die Legende des hl. Nikolaus und Maistres Humbret, den Baumeister St-Martin (Pl. de la Cathédrale, tgl. 8–18.30 Uhr außer So morgens). Das ehemalige **Corps de Garde** `2` (Stadtwachenhaus) gegenüber der Kirche besitzt ein Renaissanceportal aus dem Jahr 1575. Das **Haus Adolph** `3` daneben mit Spitzbogenfenstern gilt als eines der ältesten Häuser von Colmar und wurde wohl um 1350 erbaut.

In der weiten, hohen Halle der durch ihre Schlichtheit bestechenden **Eglise des Dominicains** `4` bildet ein Hauptwerk der Rheinischen Spätgotik, Martin Schongauers »Madonna im Rosenhag« (»La Vierge au Buisson de Roses«) aus dem Jahre 1473, den Blickfang. Der Goldhintergrund sowie das unendliche Zarte und Preziosenhafte von ›Hübsch Martins‹ Kunst sind noch ganz mittelalterlich, die naturgetreu beobachteten Pflanzen und Vögel, die man tatsächlich auch heute alle Ende Mai/Anfang Juni in der Natur antrifft, könnten auch in der Neuzeit gemalt worden sein (Pl. des Dominicains, April, Mai, Nov. tgl. 10–13, 15–18, Juni–Okt. Mo–Fr 10–13, 15–18, Sa/So 10–18 Dez. tgl. 9–18 Uhr, 2 €, erm. 1 €).

*Klar ist das alles frisch! In der traditionsreichen Halle des Marché Couvert in Colmar kommen Obst und Gemüse direkt vom Erzeuger aus der Region.*

# COLMAR

# 10

# Zwischen Himmel und Hölle – **der Isenheimer Altar**

**Einen Mystiker, einen Ketzer, einen mittelalterlichen Expressionisten hat man den Schöpfer des Isenheimer Altars genannt, eines der berühmtesten Kunstwerke der Welt. Der monumentale Wandelaltar mit zehn Tafeln, den der Maler Matthias Grünewald und der Bildschnitzer Nikolaus von Haguenau Anfang des 16. Jh. für das heute zerstörte Antoniterkloster im nahen Isenheim schufen, fesselt jeden Besucher.**

Einst bekamen die Gläubigen, passend zu den entsprechenden Kirchenfesten, immer nur eine der drei Wandlungen oder Schauseiten des aufklappbaren Altars zu sehen. Heute ist er auseinandergenommen, sodass alle zehn Tafeln gleichzeitig bewundert werden können.

## Leid und Erlösung

Die Betonung des Leidens lässt Grünewald (um 1475–1528) noch ganz mittelalterlich erscheinen, auch wenn seine künstlerischen Ausdrucksformen auf uns heute ›modern‹ wirken. Mit der ersten Wandlung schuf Grünewald ein Universum des Schmerzes, das den Betrachter sofort gefangen nimmt. Die bleichen Gesichter und verzerrten Körperproportionen, der geschundene Körper des Gekreuzigten und die Farbpalette, ein ›höllischer‹ Kontrast aus nachtschwarz und blutrot, sind pure künstlerische Ausdrucksformen des Leidens, die ihrer Zeit weit voraus zu sein scheinen und tatsächlich eine enorme Wirkung auf die Expressionisten hatten…

Ganz anders gestaltet sich die visionäre Farbgebung der zweiten Wandlung, die an den Hochtagen des kirchlichen Festkalenders, an Ostern und Pfingsten, den Triumph des Glaubens unterstrich. Den verklärten Christus der Auferstehung gibt Grünewald in Farben wieder, deren Leuchtkraft wir heute psychedelisch nennen würden.

► INFOS & LESESTOFF

An Kunst und Kultur hat das Elsass viel mehr zu bieten, als überhaupt in dieses Buch passen würde. Lesen Sie mehr – auch über den Isenheimer Altar – im **»Kunst-Reiseführer Elsass«** von Susanne Tschirner, erschienen im DuMont Reiseverlag.

Die dritte Wandlung wurde nur am 17. Januar, dem Patronatstag des hl. Antonius, aufgeschlagen. Die Isenheimer Antoniter unterhielten ein Hospital für Pilger und am sog. Antoniusfeuer Leidende, eine im Mittelalter weit verbreitete durch Mutterkorn-Vergiftung, die durch einen parasitären Pilz im Getreide hervorgerufen wurde. Abstoßende Symptome dieser tödlichen Krankheit wie aufgeschwollene Bäuche, Geschwüre und faulende Gliedmaßen meint man an den albtraumhaften Dämonen und hässlichen Höllengeistern der »Versuchung des hl. Antonius« zu erkennen.

Über kaum eine andere Tafel haben die Kunsthistoriker so viel gerätselt wie über das Engelskonzert, ein recht dämonisch wirkendes Gewimmel von Puttenköpfen und Engeln unter einer spätgotischen, von alttestamentarischen Propheten bekrönten Architektur.

## Christliche Kunst, moderne Klassiker

Die exquisite Sammlung des **Musée Unterlinden** 10 wird in einem Kloster aus dem 13. Jh. ausgestellt, und in dessen gotischer Kapelle steht der Isenheimer Altar. Den Schwerpunkt der Sammlung bildet die Oberrheinische Kunst des 15./16. Jh. an der Wende vom Mittelalter zur Renaissance. Die älteren Werke wie Caspar Isenmanns Passionsaltar aus der Colmarer Martinskirche (1465) sind mit ihrem goldenen Hintergrund noch sehr spätmittelalterlich. Eine ausgeprägte Tendenz zum Realismus zeigt sich in den in ihrer Detailgenauigkeit uns heute verstörenden Märtyrerbildern.

Kein Geringerer als Martin Schongauer (geb. 1450 in Colmar, gestorben 1491), ein anderer ganz Großer der Oberrheinischen Schule, malte 1470 die vier erhaltenen Öltafeln von den Seitenflügeln des Orlier-Altars. Gottvater, der auf Wolkenkissen über der Verkündigung wacht, der ganz klein wiedergegebene Stifter Jean d'Orlier, der Abt des Isenheimer Klosters, der ›altmodische‹ Goldhintergrund und die vornehme Zurückhaltung in Mimik und Gestik der Gestalten zeigen die Meisterschaft Schongauers ebenso wie seine feste Verwurzelung in der spätgotischen Stiltradition.

Die Moderne hält mit profanen Themen, Perspektive und Charakterstudium Einzug in die Kunst. Ein unbekannter Künstler schuf um 1470/80 mit »Stillleben mit Flaschen und Büchern« das erste Nur-Stillleben nach der Antike. Ein genau beobachtetes Frauenporträt Hans Holbeins des Älteren (um 1465–1524) und Lucas Cranachs des Älteren (1472–1553) der perspektivisch noch nicht ganz gelungenen »Melancholia« zeigt den Einfluss der ›neuen‹ Bewegungen von Humanismus und Reformation.

Neben Exponaten zur Vorgeschichte ab 5500 v. Chr. und der Römerzeit besitzt das Museum auch eine vielfältige Sammlung aus Kunstgewerbe, Volkskunst, Waffen und Musikinstrumenten. Ende 2015 wurde der Museumsneubau Ackerhof eingeweiht, der auf Exponate aus einer ganz anderen Kunstepoche ausgerichtet ist: In der modernen Architektur der Schweizer Architekten Herzog und De Meuron werden moderne Klassiker aus den 1930er- bis 1960er-Jahren gezeigt, darunter Gemälde und Skulpturen von Picasso, Monet, Dubuffet, Dix und Léger.

*Hätten eine Rolle in einem modernen Horrorfilm: die Dämonen, die den Hl. Antonius versuchen.*

---

INFOS/ÖFFNUNGSZEITEN

**Museé d'Unterlinden** `10`: 1, rue d'Unterlinden, 68000 Colmar, www. musee-unterlinden.com, Mo, Mi–So 9–18, am ersten Do im Monat bis 20 Uhr, Eintritt 13 €, erm. 8/11 €

**Cityplan: S. 77**

### Vom Koloss zur Lady

Dass »Lady Liberty« ein Geschenk Frankreichs an die USA war, wissen nicht viele Amerikaner. Dass ein Elsässer Bildhauer aus Colmar der Schöpfer der New Yorker Freiheitsstatue war, ist noch weniger bekannt. Nach dem Vorbild des antiken Koloss von Rhodos schuf er die tonnenschwere, fast 50 m hohe Riesenstatue in Paris. Im **Musée Bartholdi** **5**, untergebracht im Geburtshaus von Auguste Bartholdi (1834–1904), erinnern Modelle und verkleinerte Nachbildungen, Fotos und Gemälde an sein Werk. (30, rue des Marchands, www.musée-bartholdi.fr, März–Dez. Mi–Mo 10–12, 14–18 Uhr, Eintritt 4,50 €).

### Fassaden- und Fachwerkkunst

Die 1609 erbaute **Maison des Têtes** **6** (19, rue des Têtes) gehört zu den prächtigsten Renaissancebürgerhäusern des Elsass. Die Fassade ist mit einem reich verzierten Erker und 111 Köpfen geschmückt: daher der Name. Gegenüber erinnert das Musée Hansi in einer Ausstellung im ersten Etage an den Künstler Jean-Jaques Waltz, im Erdgeschoss offeriert ein Shop die Zeichnungen des Elsässers als Souvenir jeglicher Art (28, rue des Têtes, Di–Sa 10–18, So, Mo 12–18 Uhr, 5 €, erm. 3 €).
Zu den auffälligsten Gebäuden in der Altstadt zählen die mit Holzgalerie und dunklen Fassadenmalereien geschmückte **Maison Pfister** **7** von 1537, in der eine gut sortierte Wein- und Spirituosenhandlung residiert, und das **Koifhus** **8** an der Place de l'Ancienne Douane. Das große Gebäude aus Spätmittelalter und Renaissance diente einst als Zollamt, Warenlager und Gerichtsgebäude – heute stellen hier Kunsthandwerker aus oder finden Konzerte statt.

### Shoppen in der Altstadt

In den geschäftigen Einkaufsmeilen **Rue des Marchands**, eine der schönsten und ältesten Gassen der Altstadt, und der **Rue des Clés** lenken immer wieder hübsche Boutiquen und Feinkostgeschäfte vom Sightseeing ab, und entlang des blu-

mengeschmückten **Gerberbachs** reihen sich Winstubs und Caféterrassen, die zu Müßiggang unter den aufgespannten Sonnenschirmen verleiten.

### Postkartenmotiv Nr. 1

Über das alte Gerberviertel (Quartier des Tanneurs) mit seinen Häusern aus dem 15.–18. Jh. zwischen Koifhus und Markthalle, dann am Quai de la Poissonnerie entlang gelangt man zum romantischen alten Stadtviertel **Petite Venise** **9**. Den klassischen Blick auf das bunte Fachwerkherrlichkeit von ›Klein Venedig‹ am Lauch-Ufer genießt man von der Brücke an der 1865 erbauten **Markthalle** 🏠 und der **Brücke des Boulevard St-Pierre**. Das liebevoll restaurierte Petite Venise gehört zu den schönsten Ecken Colmars.

## SCHLEMMEN, SHOPPEN, SCHLAFEN

### 🏠 In fremden Betten

#### Wohlfühladresse
**Le Colombier** **1**
Design meets Fachwerk: Das Renaissancehaus mit modernem Interieur um einen kühlen Innenhof ist dank der Lage mitten in Petite Venise ideal, um die Stadt zu erkunden. 41 Zimmer.
7, rue de Turenne, T 03 89 23 96 00, www.hotel-le-colombier.fr, DZ 145–200 €

#### Urban und schick
**James Boutique Hôtel**
Das gastliche Boutique-Hotel liegt am Rand von Colmars Altstadt und bietet 30 Zimmer und Junior Suiten, die liebevoll und mit allem Komfort ausgestattet wurden. Frühstück mit lokalen Zutaten.
15, rue Saint Eloi, 68000 Colmar, T 03 89 21 93 70, www.james-hotel.com, DZ 105–190 €

### 🍴 Satt & glücklich

#### Fisch ganz frisch
**Les Trois Poissons** **1**
Die wenigen Tische draußen vor dem Fachwerkhaus im Herzen der Petite

Venise mit Blick aufs Wasser sind schnell weg, aber auch für drinnen empfiehlt sich eine Reservierung. Denn das gemütlich-elegante Restaurant ist *die* Adresse in Colmar, wenn man Fisch essen möchte. Fischsuppe, Lachstatar und Jakobsmuscheln, Zander und Kabeljau kommen hier zuverlässig gut zubereitet auf den Tisch.

15, quai de la Poissonnerie, T 03 89 41 25 21, https://restaurant-aux-trois-poissons.fr, Di–Sa 12–14, 19–21 Uhr, Menü 28–60 €

### Familienfreundlich
**Au Koifhus** ❷

In der holzvertäfelten Gaststube kommen elsässische Klassiker von Gänsestopfleber über Wildschwein mit Spätzle bis zu Hechtklößchen aufs bunte Tischtuch, draußen sitzt man mit Blick auf Schwendi-Brunnen und Gerberbach.

2, pl. de l'Ancienne Douane, T 03 89 23 04 90, www.restaurant-koifhus-colmar.fr, tgl. 12–14, 19–22 Uhr, Hauptgerichte 15–24 €

### Weinbistro mit Sympathiefaktor
**L'Epicurien** ❸

Bistronomie heißt in Frankreich der Trend, im lässiger Bistrot-Atmosphäre gehobene Küche anzubieten; hier versteht man dazu auch von Wein etwas. In der warmen, relaxten Atmosphäre lässt man sich Kaninchen-Rillettes, Krebsnocken mit Koriander, Jakobsmuscheln, Fleisch- und Fischgerichte mit mediterranen oder asiatischen Akzenten gerne schmecken.

11, rue Wickram, 68000 Colmar, T 03 89 41 14 50, www.epicurien-colmar.com, Di–Sa 12–14, 19–21.30 Uhr, Hauptgerichte 20–33 €

### Essen im Feinkostgeschäft
**Sezanne** ❹

Unten gibt es feine Käse und Terrinen, Wurstwaren, Wein und mehr, in der Etage darüber kann man tagsüber auch essen. Eine Platte mit Schinken und Salami oder Käse, Sandwiches, Omeletts und andere Gerichte aus der offenen Küche sind eine leckere Alternative zum

*Die Amerikaner suchen es in Disneyland, die Colmarer haben das Original vor der Haustü. Fachwerkromantik und Flussidylle im Petite Venise.*

ewigen Choucroute oder Flammkuchen. Und dazu toller Wein ...

30, Grand'Rue, T 03 89 41 55 94, www.sezan ne.net, Laden Di–Sa 9–19 Uhr

###  Stöbern & entdecken

Haupteinkaufsstraße sind die **Rue des Marchands,** die **Rue des Serruriers** und die Fußgängerzone **Rue des Clés,** in der sich Filialisten, aber auch schöne inhabergeführte Geschäfte und Boutiquen, Feinkost- und Weingeschäfte aneinanderreihen.

#### Markttreiben
**Marché Couvert**
Gemüse, Obst, Fleisch, Käse, Backwaren und Bio-Produkte werden in der restaurierten Markthalle vom Ende des 19. Jh. verkauft. Besonders empfehlenswert ist der Käsestand von Jacky Quesnot, eine Filiale seiner Fromagerie in der Rue Saint-Nicolas. Donnerstags

vormittags erstreckt sich der Wochenmarkt auch rundherum bis in die Rue des Tanneurs.

Rue des Ecoles, Di, Mi 8–18, Do 7–18, Fr 8–19, Sa 8–17, So 10–14 Uhr

###  Wenn die Nacht beginnt

#### Weinbar
**L'Un des Sens** ❶
Zwei Frauen führen diese entspannte Bar à Vin, vor der man auf einer kleinen Terrasse einen lauen Sommerabend genießen kann. Zum Wein gibt's Tapas, weil die Ausschanklizenz nur so besteht.

18, rue Berthe Molly, T 03 89 24 04 37, www. lun-des-sens.alsace, Di–Fr 17–22, Sa 11–15, 17–22 Uhr

### 🏄 Sport & Aktivitäten

#### Kahnfahrt auf der Lauch
**Sweet Narcisse** ❶
In flachen Booten mit maximal zehn Personen gleitet man ganz entspannt durch Petite Venise und kann die Aussicht genießen.

Abfahrt an der St-Pierre-Brücke, T 03 89 41 01 94, www.sweetnarcisse.com, April–Sept. tgl. etwa alle 15 Min. 10–12, 13.30–19 Uhr, Okt.–März Sa/So, Dauer 25 Min., 6 €

## INFOS

**Office de Tourisme:** Pl. Unterlinden, 68000 Colmar, T 03 89 20 68 92, www. tourisme-colmar.com

## TERMINE

**Internationales Musikfestival:** Im Juli wird Colmar zur Hochburg für klassische Musik. www.festival-colmar.com. Sommerfestival: Die »Foire aux Vins« (Aug.), eigentlich eine Weinmesse, hat sich zum großen Rock- und Popevent entwickelt mit rund 250.000 Besuchern. www.foire-colmar.com.

Kougelhopf
3,60 €

### MIR REDE AU ELSASSISCH

Seit Jahren gibt es im Elsass zweisprachige Ortsschilder und Stra-ßennamen wie Selestat/Schlettstadt oder Rue des Dentelles/Spitzegass. In Straßburg wird sogar in der Tram »Nächst Station: Altr Winmärik« angesagt, die Haltestelle »Vieux Marché aux Vins/Alter Weinmarkt«. Zwar hat der Gebrauch des Elsäs-sischen stark nachgelassen – Mitte des 20. Jh. sprachen noch fast 90 % der Elsässer Dialekt, jetzt sind es nur noch halb so viele –, doch der Trend dreht sich wieder. Elsässisch ist wieder cool. 2016 erschien sogar das Buch der Bücher, »D'Biwel uf Elsässisch«. Die Übersetzung dauerte zwölf Jahre!

## IN DER UMGEBUNG

### Fünf-Burgen-Fahrt

Der **Circuit des Cinq Châteaux** (🗺 C 9) führt zu den quadratischen Donjons der ›Drei Exen‹ (Weckmund, Wahlenbur-gund Dagsburg) oberhalb des Orts und weiter zur mächtigen Habsburgerburg Hohlandsburg inmitten weiter Mauern auf rechteckigem Grundriss, im 13. Jh. gegründet und im 16. Jh. von Lazarus von Schwendi modernisiert. Die im Dreißigjährigen Krieg geschleifte Burg wurde teilweise wieder aufgebaut, und neben einem mittelalterlichen Garten und dem fantastischen Blick sorgen Ritter-kämpfe, Mittelalterfeste und Konzerte für Abwechslung (bei Wintzenheim, www. chateau-hohlandsbourg.com, Ostern–Okt. Sa 14–18, So 11–18, Juli/Aug. tgl. 10–19 Uhr, Eintritt 7 €, erm. 4,50 €). Den Abschluss bildet die Pflixburg mit ihrem stolzen, runden Staufer-Donjon.

### Hexenwerk?

Um den weitläufigen zentralen Platz der angenehmen kleinen Stadt **Rouffach** (🗺 C 10), die Place de la République, sind alle städtischen Prachtbauten des ausge-henden Mittelalters und der Renaissance versammelt: das historische Rathaus, die Tour des Sorcières, die Kornhalle aus dem 16. Jh. und das ehemalige Haus der Dombauschule (ein ›hexisch‹ dekoriertes Restaurant, Caveau du Haxakessel, T 03 89 49 76 76). Außerdem die besonders sehenswerte Eglise Notre-Dame, an deren hoher gotischer Westseite ein einzigar-tiger, burlesk-makabrer Figurenschmuck.

### Dorfschönheit

Bewacht von mittelalterlichen Türmen schließen sich die hübschen, kopfsteinge-pflasterten Gassen mit Renaissancebrun-nen, bunten Fachwerkhäusern, Holzgaleri-en und blumengeschmückten Innenhöfen beinahe konzentrisch um die Burg. In etwa einer halben Stunde umrundet man auf der Rue des Remparts die Stadtbe-festigung von **Eguisheim** (🗺 C 9), die größtenteils aus wehrhaften Hausmauern besteht. Dreisprachige Informationstafeln machen auf interessante Aspekte wie Zehnthöfe aufmerksam (www.tourisme-eguisheim-rouffach.com). Im Zentrum gelegen, ist die Burg der Grafen von Eguisheim nur von außen zu besichtigen. Eine Ausnahme ist die Kapelle mit den Glasfenstern und historistischen Fresken, die wie die ganze Burg im 19. Jh. im neoromanischen Stil fast komplett neu gebaut wurde. Auf dem pittoresken Platz davor steht ein Renaissancebrunnen mit der Statue des 1002 auf der Burg geborenen Papstes Bruno von Eguisheim alias Leo IX.

### 🏠 Diskreter Luxus
**Hostellerie du Château**
Das historische Haus mit 10 Zimmern mitten in Eguisheim wurde in einem farbenfrohen Design mit einem Hauch Landhausstil renoviert.

2, rue du Château, 68420 Eguisheim, T 03 89 23 72 00, www.hostellerieduchateau.com, DZ 80–130 €

### 🍷 Tradition und Inspiration
**La Grangelière**
In einem schlichten Landhausstil mit warmen Farben gibt es schmackhafte elsässische Küche mit mediterranen Akzenten (das Ganze außerdem fantasiereich dekoriert), die eine einfache Bistro- (Tradition) und eine feinere Gourmet-Speisekarte (Inspiration) hat.

59, rue du Rempart-Sud, 68420 Eguisheim, T 03 89 23 00 30, Mo, Di, Do–Sa 19–22 Uhr, Nov.–März Do geschl., Menüs 30–49 €

### 🛍 Winzer seit 1580
**Léon Beyer**
Rassige Rieslinge, Muscats und Pinot Blancs sowie Obstbrände.

8, pl. du château, 68420 Eguisheim, www.leon beyer.fr, März–Dez. Mi–Mo 10–12, 14–18 Uhr

### 🛍 Schöner schäumen
**Wolfberger**
Die Winzergenossenschaft Wolfberger ist v. a. für Crémants bekannt, die nach traditioneller Methode in Flaschengärung hergestellten Winzersekte. Das Aushängeschild unter den Schaumweinen sind die Bio-Crémants und der Brut Classique.

6, Grand'Rue, 68420 Eguisheim, T 03 89 22 20 20, www.wolfberger.com, Mo–Fr 8–12, 14–18, Sa, So 10–12, 14–18 Uhr

*Fachwerk natürlich! Auch in Eguisheim kann man davon nicht genug kriegenWer mal eine Pause braucht, kann sich am Renaissancebrunnen am Marktplatz erfrischen.*

# Die Festungsstadt – Neuf-Brisach

**Die geruhsame Stadt ist das Paradebeispiel einer Vauban-Befestigung: Sternförmige Bastionen umschließen ein schachbrettartiges Straßennetz um die zentrale, riesige Place d'Armes. Als letzte der Festungsstädte, die Vauban errichtete, gibt sie einen sehr guten Einblick in das hochentwickelte Verteidigungssystem des 17. Jh.**

In der Vergangenheit ging es nicht immer friedlich zu: Das Elsass war lange Zeit Zankapfel der beiden konkurrierenden Rhein-Anlieger-Staaten Deutschland und Frankreich. Durch die gewaltsame Reunionspolitik (ca. 1670–97) von König Ludwig XIV. fiel fast das gesamte Elsass an Frankreich.

## Grenzlandschaft am Rhein

Die Grenze verlief wie heute am Strom – im heute badischen, damals habsburgischen Breisach am anderen Ufer des Rheins standen schon die Truppen Vorderösterreichs. Mit der Anlage der kleinen Militärstadt wurde auf Anordnung des Sonnenkönigs in der Rheinebene ein befestigter Außenposten geschaffen. Sie gehörte zu einer weit ausgedehnten Verteidigungslinie von der Pfalz über Fort-Louis an der Moder-Mündung und Hüningen bei Basel bis nach Besançon.

## Im Dienst des Sonnenkönigs

Sébastien le Prestre de Vauban, der Festungsbaumeister seiner Majestät, ließ ab 1699 eine gewaltige Bastion aus rotem Sandstein erbauen: Aus der Luft betrachtet, bilden die Umrisse der Stadt einen großen Stern auf achteckigem Grundriss. Solch ein sternförmiges Fort mit Toren und Kasematten, Wällen und dreifach gestaffelten Schanzen, umgeben von Gräben, galt damals als stärkste Form der Befestigung. Seit 2008 ins Welterbe der Unesco aufgenommen, sind insgesamt ein Dutzend Bauwerke des Fortifikationsexperten, darunter auch Neuf-Brisach als militärarchitektonisches Meisterwerk. Um das

*Nur eine bewachsene Steinmauer? Von wegen, Vaubans Befestigungsanlagen sind Teil des Unesco Weltkulturerbes, darunter auch Neuf-Brisach.*

▶ **INFOS & LESESTOFF**

Sie möchten gerne mehr über den Festungsbaumeister Vauban und seine grandiosen Verteidigungsanlagen erfahren? Dann gibt's hier Wissenswertes: www.sites-vauban.org.

erforderliche Baumaterial – Steinquader und Bauholz aus den Vogesen – zu holen, ließ der königliche Ingenieur eigens einen knapp 40 km langen Kanal mit mehr als einem Dutzend Schleusen bis nach Rouffach anlegen.

## Kleines Festungs-Einmaleins

Von der zentralen, quadratischen **Place d'Armes** **1** führen vier Straßen zu den vier Stadttoren, die anderen Straßen kreuzen rechtwinklig im Schachbrettmuster. An der **Porte de Belfort** **2** ist im **Musée Vauban** **3** ein Stadtmodell das zentrale Ausstellungsstück. Gleich hinter dem Stadttor liegt ein flacher Rheinkahn wie ein gestrandetes Schiff im Wallgraben.

Beim Rundgang um die etwa 2,5 km lange, beeindruckend hohe Stadtmauer, die die Jahrhunderte nahezu unbeschadet überstanden hat, führen dreisprachige Tafeln in die Festungsbaukunst ein: Die verschiedenen Elemente wie Kontergarde oder Kurtine werden jeweils »im Vorbeigehen« erklärt. So diente das **Zangenwerk** **4** zum Schutz des Zwischenwalls, der **Durchgang** **5** ermöglichte den Soldaten den geschützten Zugang zum **Halbmond** **6**. Über den **Turm der bildenden Künste** **7**, in dem Kunstausstellungen stattfinden, und das **Colmarer Tor** **8** gelangt man zurück ins Städtchen.

INFOS/ÖFFNUNGSZEITEN

**Office de Tourisme:** 6, place d'Armes, 68600 Neuf-Brisach, T 03 89 72 56 66, www.tourisme-paysrhinbrisach.com
**Musée Vauban** **3**: 7, place de la Porte de Belfort, www.neuf-brisach.fr, Mai–Sept. Mi–Mo 10–12, 14–17 Uhr, Eintritt 2,50 €

KULINARISCHES

Ein preiswertes Mittagsmenü bietet das Restaurant **Les Remparts** **1** an, auf dessen Holzterrasse man auch draußen sitzen kann (9, rue de l'Hôtel de Ville, T 03 89 72 76 47, www.restaurant-les-remparts-68.fr, Sa–Mi 12–14, 19–21 Uhr).

Legende
- Halbmond
- Zangenwerk
- Kontergarde (Außenwerk)
- Innere Mauern

**Faltplan:** D 9

# Mulhouse, Südvogesen und Sundgau

Wer bei Mulhouse nur an die Industriegeschichte der Stadt denkt, liegt völlig falsch. Vom Multikulti-Markt bis zu Street Art lebt man hier ganz in der Gegenwart. Hinauf in die Höhe locken die nahen Vogesen und insbesondere die Route des Crêtes – Wanderungen mit Ausblick enden dann gern mit Einkehrschwung im Berggasthof. Noch ein Geheimtipp ist der landwirtschaftlich geprägte Sundgau ganz im Süden des Elsass, ein stiller Winkel mit grünen Tälern, alten Mühlen und Bauernhöfen.

# Mulhouse 🗺 C/D 11/12

**Auch heute noch ist Mulhouse, das einstige ›französische Manchester‹, die Industriekapitale des Elsass (113 000 Einwohner). Früher wurden hier Stoffe, Autos und Eisenbahnen produziert, heute lockt Mulhouse mit Museen zur Industriegeschichte, einer attraktiven modernen Kulturszene, einer übersichtlichen historischen Innenstadt und netten Restaurants und Winstubs.**

### Im Zentrum

Die Fassadenmalereien des **Hôtel de Ville** 1 sind liebevoll restauriert, an der Schmalseite hängt der Klapperstein, eine Schandmaske, die einst Rufmördern und Klatschbasen umgehängt wurde. Das vielleicht schönste Renaissancerathaus des Elsass wurde 1553 gebaut. Auch der **Temple St-Etienne** 2 liegt am geschäftigen, historischen Hauptplatz von Mulhouse. Die neogotische Kirche beherbergt einen der vollständigsten und kostbarsten Zyklen mittelalterlicher Glasmalerei aus der Zeit um 1350 (Place de la Réunion, Mai–Sept. Mo, Mi–Sa 10–18.30, So 13–18.30 Uhr). Die Altstadtstraße **Rue des Franciscains** 3 wird von Adelspalais aus dem 18. Jh. gesäumt. Eine große, bunte Fassadenmalerei widmet sich dem Thema Stadtgeschichte.

### Fütterung der Raubtiere

Der **Parc Zoologique et Botanique** 4, einer von Europas ältesten und größten Zoos, besitzt über 170 Tierarten, darunter Raubkatzen und Wölfe. Fütterungen der Pelikane finden um 11.15 und 15.45, die der Bären um 15 und der Robben um 15.30 Uhr statt. Auch für seine botanischen Sammlungen ist der Zoo berühmt, zuletzt eröffnete ein Garten mit Riesenpflanzen (51, rue Jardin Zoologique, www.zoo-mulhouse.com, tgl. April, Sept. 9–18, Mai–Aug. 9–19, Okt./Nov., März 9–17, Dez.–Feb. 10–16 Uhr, Eintritt 15,50 €, erm. 9,50 €).

### Heilig's Blechle

Das Gros der rund 500 kostbaren Oldtimer in der **Cité de l'Automobile** 5 entstammt dem Skandalkonkurs der Textilbaronbrüder Schlumpf im Jahre 1977. Die empörten Arbeiter der später rechtskräftig verurteilten Bankrotteure besetzten den privaten Wagenpark des Autonarren Fritz Schlumpf und führten zwei Jahre lang ein Arbeitermuseum, das sogar François Mitterrand besuchte. Sport- und Luxuswagen wie Rolls Royce, Mercedes, Hispano-Suiza und eine umfangreiche Bugatti-Sammlung, dar-

Das interaktive **Ecomusée du Textile de Haute-Alsace** 6 zeichnet die Geschichte der Indiennes, der bedruckten Baumwollstoffe im Thurtal nach. Fünf wundervolle Gärten, darunter Mittelmeer- und Landschaftsgarten, formaler Garten und Nutzgarten, teils geschmückt mit zeitgenössischer Kunst, machen den weitläufigen Komplex in **Husseren-Wesserling** (🗺 A 10) zu einem lohnenden Ausflug. Neben dem Textilmuseum sind im **Parc de Wesserling** alte Industriegebäude wie das Heizhaus Zeitzeugen der Industriegeschichte. Zur Anlage gehören zudem ein Barfußpfad und Kunsthandwerkershops, ein Hofladen lokaler Bauern, Teesalon und Brasserie (Rue du Parc, 68470 Husseren-Wesserling, www.parc-wesserling.fr, Feb.–Mai, Okt.–Dez. Di–Sa 10–12, 14–18, So 10–18, Juni–Sept. tgl. 10–18 Uhr, Eintritt 7–9 €, erm. 3,5–7 €).

*Mal ganz neue Aussichten auf den Temple St-Etienne! Auch wer nicht so hoch hinaus will wie diese Straßenkünstlerin, sollte sich die bekannte Kirche von Mulhouse nicht entgehen lassen.*

unter das elegante »Coupé Napoléon« ein Bugatti Royale von 1930 sind in dem bedeutendsten und größten Automobilmuseum der Welt auf 25 000 m² ausgestellt. Der Mailänder Autobauer Ettore Bugatti hatte im elsässischen Molsheim seine legendären Sportwagen gebaut. Rennsimulatoren, die rekonstruierte Startlinie eines Grand-Prix-Rennens und jede Menge weiterer interaktiver Medien im Dienste des Themas Automobil ermöglichen einen Familienausflug auf höchstem Spaßmuseum-Niveau (15, rue de l'Epée, 68100 Mulhouse, www.citedelauto mobile.com, Feb./März, Nov./Dez. tgl. 10–17, April–Okt. 10–18 Uhr, Jan. Mo–Fr 13–17, Sa/So 10–17 Uhr, Eintritt 14 €, erm. 10–13 €).

...................................................

### SCHLEMMEN, SHOPPEN, FEIERN

...................................................

### 🍴 Satt & glücklich

#### Studentisch
**La Cant'in**
Mittags gibt's Bruschetta, Burger, Tapas,

Tartines, also eine Adresse für den kleinen Hunger, wenn es nicht gleich ein Menü sein und schnell gehen soll.
13, rue de la Justice, 688100 Mulhouse, T 03 89 51 13 64, www.la-cantin.com, So (nur im Winter), Mo 10.30–14.30, Di–Sa 10.30–14.30, 18.15–24 Uhr

#### Place to be
**Le Petit Paris**
Die Karte in dem angenehmen Design-Bistro wechselt regelmäßig, vom Thunfisch-Tatar bis zu Fisch, Perlhuhnbrust, Lamm und Steak wird alles zeitgenössisch zubereitet und serviert.
12, rue de Moselle, T 03 89 61 17 85, www. lepetitparis.pro, Di–Sa 12–13.30, 19–21 Uhr, Menü 36 €

...................................................

### 🛍 Stöbern & entdecken

#### Shopping
Die **Haupteinkaufszone** liegt um das Hôtel de Ville und die Place de la République. Mode findet man an der Rue des Bons Enfants, Rue du Sauvage, Passage du Théâtre und der Rue des Bouchers.

# Industriegeschichte vor Ort – **Technik-museen in Mulhouse**

**Die ›Stadt der hundert Schornsteine‹ war einmal das dynamische Industriezentrum des Elsass, in dem bunte Baumwollstoffe und rußgeschwärzte Lokomotiven gefertigt wurden. Ihr kulturelles Erbe hat die ehemalige Reichsstadt Mühlhausen mit attraktiven Museen zur Industriegeschichte in Szene gesetzt.**

Rund um Mulhouse nahm mit der Gründung der ersten Manufaktur für Baumwollstoffe im Jahre 1746 die Industrielle Revolution ihren Anfang. Stadt und Bevölkerung wuchsen sprunghaft; Spinnereien, Färbereien und Webereien zogen immer mehr Arbeiter an. Im 19. Jh. folgten die chemische und mechanische Industrie.

## Bosse und Malocher
Das **Musée de l'Impression sur Etoffes** 7 in der Innenstadt widmet sich dem Stoffdruck, dem Ursprung des Mulhousener Wirtschaftswunders. Es erwuchs aus einer schon 1833 von den Stoffbaronen der mächtigen Société Industrielle de Mulhouse gegründeten Sammlung. Technische Abläufe werden anschaulich erläutert, kostbare Textilmusterstücke vom 18. Jh. an gezeigt. In der Museumsboutique locken einem Designertischtücher der renommierten Elsässer Firma Beauvillé, edel bedruckte Tücher und Papiere die Euros aus der Tasche.

## Im Schweiße seines Angesichts
Von hier überquert man auf der Brücke den Canal du Rhône au Rhin und die Eisenbahngleise und sieht links im **Parc du Tivoli** 8 die über 5 m große Statue des »Schweißdissi« stehen, des schwitzenden Symbols des Mulhousener Arbeiters. Auf dem ansteigenden Gelände in seinem Rücken, dem Rebberg, haben sich die Industriebarone im 19. Jh. ihre Villen mit Grünanlagen und hohen Mauern erbaut.

*Ob wohl hier schon Agatha Christie ihren Koffer abgegeben hat? Alte Gepäckaufbewahrung in der Cité du Train.*

## Unter Dampf

Die mit hohem Aufwand renovierte **Cité du Train** 9 , Frankreichs größtes Eisenbahnmuseum, lässt mit einer spektakulären, mit interaktiven Medien aufbereiteten Show das Goldene Zeitalter der Eisenbahn lebendig werden. Salonwagen wie der der Kaiserin Eugénie von 1856, ein luxuriöser Pullmann-Waggon, in dem schon Agatha Christie und John le Carré reisten, und berühmte Lokomotiven vom 19. bis 20. Jh. sind in den nach Ruß und Öl riechenden Hallen zu entdecken. Wie hart die Holzbänke der zugigen vierten Klasse – eine solche gab es im Deutschen Kaiserreich nur in Elsass-Lothringen! – in der ›guten alten Zeit‹ gewesen sein müssen, kann man sich denken. In den offengelegten ›Bauch‹ einer Baltic Nord hineinzusehen oder unter einer Dampflokomotive hindurchzugehen, sind besondere Erlebnisse. Zur vollen Stunde wird der 232 U1, die letzte, 1949 in Betrieb gegangene Dampflokomotive mit viel Getöse in Gang gesetzt.

## Wohnen und Einkaufen

Die großen Unternehmerdynastien de Dietrich, Hartmann, Kœchlin und Schlumberger, liberal, protestantisch, gebildet und frankophil, sorgten auf patriarchalische Weise für ›ihre‹ Arbeiter. So wurde Mitte des 19. Jh. im Schatten der Schornsteine der Textilfabriken nördlich der Innenstadt die Cité errichtet, eins der ersten Projekte sozialen Wohnungsbaus und unternehmerischer Fürsorge in Europa. Ein Spaziergang von einer Viertelstunde vom **Automuseum** (▶ S. 90) am Quai du Forst entlang des Canal de Décharge führt in die **Cité** 10 , die sich auf der Höhe des Markthallengebäudes um die Rue de Strasbourg erstreckt. Schmale, drei Meter breite und schnurgerade gezogene Gassen mit so hübschen Namen wie Passage des Alouettes (Lerchenweg) oder Rue du Soleil (Sonnenstraße) sind von den alten Arbeiterhäuschen gesäumt. Der uniforme Eindruck wird durch heimwerkerische An- und Umbauten gemildert: Hier ein Stockwerk draufgesetzt, dort eine Veranda vorgerückt.

INFOS/ÖFFNUNGSZEITEN
**Musée de l'Impression sur Etoffes** 7 : 14, rue Jean-Jacques Henner, www.musee-impression.com, z. Zt wegen Renovierung geschlossen. **Cité du Train** 9 : 2, rue Alfred de Glehn, 68200 Mulhouse, www.cconfigured train.com, Nov.–März 10–17, April–Okt. 10–18 Uhr, Eintritt 13 €, erm. 11 €, Tram 3, Haltestelle »Musées«.

## MULHOUSE

### Sehenswert

1. Hôtel de Ville
2. Temple St-Etienne
3. Rue des Franciscains
4. Parc Zoologique et Botanique
5. Cité de l'Automobile
6. Ecomusée du Textile de Haute-Alsace
7. Musée de l'Impression sur Etoffes
8. Parc du Tivoli
9. Cité du Train
10. Cité

### Satt & glücklich

1. La Cant'in
2. Le Petit Paris

### Stöbern & entdecken

1. Marché de Mulhouse
2. Au Bouton d'Or

### Wenn die Nacht beginnt

1. La Quille
2. Le Gambrinus

---

### Kulinarische Vielfalt
**Marché de Mulhouse** 🛈

Das freundliche Miteinander von Nachfahren der Mulhousener Arbeiter der ersten Generation mit südeuropäischen und nordafrikanischen Einwanderern wird besonders drei Mal wöchentlich beim multikulturellen Markttreiben deutlich. Obst und Gemüse, Geflügel, Fleisch und Eier von berühmten Produzenten sind teilweise schon um 10 Uhr ausverkauft. Quai de la Cloche, www.marchedemulhouse. com, Di, Do 7–17, Sa 6–17 Uhr

### Alles Käse
**Au Bouton d'Or** 🛈

Einer der besten Käseläden des Elsass hat als Domizil ein gelbes Haus gegenüber der Kathedrale, das Butterblume heißt. Die Käse aus Kuh-, Schafs- oder Ziegenmilch kommen aus ganz Frankreich, vom baskischen Ardi Gasna über St-Nectaire aus der Auvergne bis zum Tomme aus Korsika.

5, pl. de la Réunion, www.auboutondor.fr, Mo 14–19, Di–Do 8.30–12.15, 14–19, Fr 8–19, Sa 8–18.30 Uhr

Beim Spaziergang durch Gassen und Straßen von Mulhouse sind neben historischer Fassadenmalerei gleich mehrfach große **Murals** zu entdecken, auch von internationalen Street-Art-Künstlern. Es sind längst so viele bemalte Wände und Graffiti zu sehen, dass ab und zu eigens geführte **Rundgänge** dazu stattfinden (Infos beim Office de Tourisme).

### ✺ Wenn die Nacht beginnt

#### Weinbar
**La Quille**
Die Weinbar neben dem Petit Paris hat vor allem die Flaschen kleiner, unabhängiger Winzer im Ausschank – fachkundige Beratung inklusive. Oft finden Weinproben oder Konzerte statt. Wer nicht schon essen war, bestellt zum Wein Käse oder Aufschnittplatten.
10, rue de la Moselle, 68100 Mulhouse, T 03 89 44 41 30, www.laquille-mulhouse.com, Mo–Do 18–24, Fr, Sa 17–1.30 Uhr

#### Craft-Beer und Live-Musik
**Le Gambrinus** ❷
In der Brasserie und Bar in der Fußgängerzone werden mehr als ein Dutzend Biere gezapft, darunter das eigene »Bollwerk«, viele weitere gibt's flaschenweise. Dazu Konzerte, DJ-Gigs und Ausstellungen.
5, rue des Franciscains, T 03 89 36 96 75, www. legambrinus.com, Mo–Sa 17–1 Uhr, Küche 18.30–22, Fr, Sa bis 23 Uhr

### INFOS & VERKEHR

**Office du Tourisme:** Pl. de la Réunion, T 03 89 35 48 48, www.tourisme-mulhouse.com, www.mulhouse.fr.
**Verkehr:** Die Bus- und Straßenbahnlinien fahren von 4.39–23.45 Uhr. Info: T 03 89 66 77 77, www.solea.info,

Einmalticket mit Umsteigen 1,40 €, Tagesticket 4,50 €.

### IN DER UMGEBUNG

#### Wandschmuck, Blumendruck
In **Rixheim** (📖 D 12) zeigt das fast einzigartige Tapetenmuseum Musée du Papier Peint (nur in Kassel gibt es ein weiteres) neben einer technischen Einführung in die exotischen Welten, die sich die Bürger im 19. Jh. in ihre Wohnzimmer holten: Chinoiserien, Blumen- und Panoramatapeten (28, rue Zuber, La Commanderie, www.musee papierpeint.org, Mai–Okt. tgl., Nov.–April Mi–Mo 10–12, 14–18 Uhr, Eintritt 8,50 €, erm. 5 €).

#### Oktogon
Mitten in der Industrielandschaft der Rheinebene birgt der ruhige Ort **Ottmarsheim** (📖 D 11) ein Kleinod der romanischen Kunst: einen achteckigen Kuppelbau aus dem 11. Jh., der Aachener Pfalzkapelle Karls des Großen nachempfunden. Kaum anderswo weckt die wuchtig-schlichte, den Blick in die

*Bunt und sportlich: Beim alljährlichen »Colore Moi Mulhouse«-Rennen spielt Farbpuder eine große Rolle.*

Höhe lenkende Architektur so feierliche Gefühle (tgl. 9–19 Uhr).

### Feuchtgebiet

Weder Stiere noch rosa Flamingos gibt es in der elsässischen **Petite Camargue** ($\square$ D 13), dafür rund 40 Libellen- und mehr als 170 Vogelarten, seltene Orchideen und Fledermäuse. Unweit von Basel liegt das rund 900 ha große Naturschutzgebiet am Rhein. Das urwaldartige, von Wasserläufen und Tümpeln durchzogene Auengebiet lädt zu Wander- und Fahrradtouren ein – das Naturschutzzentrum bietet auch geführte Besichtigungen an (1, rue de la Pisciculture, 68300 St-Louis, T 03 89 89 78 59, www.petitecamargue alsacienne.com).

### Kirche und Kloster

Die geschäftige Stadt **Guebwiller** ($\square$ C 10; 12 000 Einwohner) zieht sich zu beiden Seiten der langen Rue de la République hin. Am Beginn des Tales Florival gelegen, ist sie ein Tor zu den Südvogesen und Mitglied der Weinstraße. Die Kirche St-Léger (Pl. St-Léger, tgl. 9–18 Uhr) ist das Paradestück der elsässischen Spätromanik mit reich vergliederter Fassade und drei prachtvollen Türmen. Les Dominicains de Haute-Alsace, das spätgotische ehemalige Dominikanerkloster, ist heute das Musikzentrum des Oberelsass, in dem stimmungsvolle Jazz- und Klassik-Konzerte zur Aufführung kommen. Zu besichtigen sind der Kreuzgang und die hohe, schlichte, für die Bettelorden typische Kirche aus dem 15. Jh. (34, rue des Dominicains, T 03 89 62 21 82, www.les-dominicains.com, Di–So 15–19 Uhr, Eintritt 6 €).

# Route des Crêtes

$\square$ B 8–11

Die etwa 70 km lange Kammstraße in den Südvogesen zwischen **Ste-Marie-aux-Mines** ($\square$ B/C 7) und **Cernay** ($\square$ B 11), eine der berühmtesten Panoramastraßen Europas, bietet Aussichten, Naturerlebnisse, vielfältige Sportmöglichkeiten sowie deftige Tafelfreuden in Fermes-Auberges auf einer Höhe zwischen 950 und 1250 m. Ihre Entstehung verdankt sie dem Krieg, denn sie wurde im Ersten Weltkrieg zur Verbindung der französischen Linien vom Brézouard zum Hartmannswillerkopf gebaut. Damit die Truppen vor deutschem Beschuss geschützt waren, wurde sie etwas westlich unterhalb des Gipfelkamms errichtet, auf dem damals die deutsch-französische Grenze verlief. An Sommerwochenenden fährt man oft in einer schier endlosen Schlange aus Autos, Rädern, Motorrädern und Campern. Wer jedoch früh aufsteht, kann die atemberaubende Schönheit der Hautes-Chaumes, der Hochweiden, relativ allein erleben. Im Mai legt sich ein bunter Teppich aus gelben und blauen Stiefmütterchen und weißen Anemonen über die Bergwiesen. Im Sommer blühen der kleinwüchsige Behaarte Ginster und der Gelbe Enzian, in geschützten Lagen orangefarbene Türkenbundlilien. Ab August sieht man Hunderte Beerensammler, die den kleinen, intensiv schmeckenden Heidelbeeren zu Leibe rücken. Rosafarbene Besenheide, verdorrte Gräser und die sich färbenden Blätter der Heidelbeere verleihen den herbstlichen Hochweiden einen rostroten Hauch. Im Winter wird der Schnee nicht geräumt, das Befahren geschieht dann auf eigene Gefahr. Teilweise wird die Strecke auch gesperrt.

Die Straße führt zunächst durch den Tannenwald, dann öffnen sich immer häufiger Lichtungen aus krautigen Wiesen. Auf ihnen wandern und weite Ausblicke genießen kann man z. B. von den Hochmooren des Gazon du Faing (*gazon* bedeutet Rasenfläche) und des Gazon Martin sowie des von Granitblöcken übersäten Roche des Fées.

Am **Col de la Schlucht** ($\square$ B 9), einem wichtigen Knotenpunkt der Vogesenkammstraße mit der Ost-West-Verbindung der D 417 ins lothringische Gérardmer bzw. nach Munster/Colmar, in 1139 m Höhe herrscht stets gehöriger Rummel um

*So schön dieses Exemplar auch geraten sein mag – dieser Pilz ist kein Kandidat für die Pfanne! Der Herbst ist zwar Wander- und Pilzzeit, aber ein Bestimmungsbuch sollte mit im Rucksack sein.*

Restaurants, Souvenirläden, Skistation und Sommerrodelbahn. Dem entgeht man auf dem Sentier des Roches, einem vom Pass ausgeschilderten Klettersteig mit Drahtseilen, Eisengeländern, Leitern und Stegen versehen und bis zum Krappfelsen etwa 3 km bzw. gute 90 Minuten lang.

### Gipfelglück

Einer der Höhepunkte der Route dês Crêtes ist der **Grand Ballon** (▸ S. 98). Der **Hohneck** (◫ B 9) ist mit 1363 m der dritthöchste Gipfel der Vogesen und vielleicht ihr schönster. Sanfte Wiesenhänge und steile Felswände mit nahezu hochalpiner Flora umgeben den kahlen, gerundeten Belchen. Man kann zum Gipfelrestaurant hochfahren, aber wer will das schon, wenn zahlreiche Wanderpfade dazu verlocken, diesen magischen Ort zu Fuß zu erkunden? Auf den nahen Bergkämmen sieht man die Silhouetten der Wanderer, aus dem Tal klingen Kuhglocken und vereinzelt eine Kettensäge herauf. Den zauberhaften **Jardin d'Altitude du Haut-Chitelet** (◫ A 9) sollte man keinesfalls verpassen. In verschiedenen Felsgärten lernt man die Vielfalt und Anpassungsfähigkeit der alpinen Flora vom Himalaya bis zu den Pyrenäen kennen. Der Schwerpunkt liegt auf den Vogesen. In dem Hochmoor, das von der auf dem Gelände des botanischen Gartens entspringenden Vologne gespeist wird, wachsen Heide, Birken, Farne und Heidelbeeren (tgl. Juni, Sept. 10–12, 14–18/Sept. 17.30, Juli/Aug. 10 bis 18 Uhr, Eintritt 5,10 €, erm. 3,05 €).

### 🍴 Ländlich und lauschig
**Firstmiss**
Die Ferme-Auberge in etwa 4 km Entfernung vom Hohneck ist ein Bilderbuch-Berggasthof mit Holzvertäfelung und rot karierten Vorhängen. Mit ein bisschen Glück kann man im Krüppelbuchenwald kurz oberhalb der Almhütte den scheuen, in den 1950er-Jahren hier eingebürgerten Gämsen beim abendlichen Äsen zusehen.
Route des Crêtes, oberhalb der Straße, 88250 La Bresse, T 03 29 63 26 13, Mitte Mai–Mitte Okt. Sa–Do 11.30–14, 19–21 Uhr, Melkermahlzeit ab 12 €

### ℹ️ Infos
**Office de tourisme: 1**, rue Latouche, 68700 Cernay, T 03 89 75 50 35, www.hautes-vosges-alsace.fr, www.tourisme.vosges.fr.

# # 13

# Im Reich der Fermes-Auberges – am Grand Ballon

**Lust auf frische Luft in 1200 m Höhe, eine alpine Pflanzenwelt, Wald und Hochweiden und ein wenig Schwitzen? Zur Stärkung servieren die Bergbauernhöfe deftige Mahlzeiten. Zum Beispiel einen Munster aus der Milch der, wie man annehmen darf, glücklichen Kühe hier oben.**

Um den Grand Ballon, mit 1424 m der höchste Punkt der Vogesen, erstreckt sich der Parc Régional des Ballons des Vosges. Die kahlen, gerundeten Kuppen der ›Belchen‹, so die Übersetzung von Ballon, sind der spektakulärste Teil der Vogesen. Und die Heimat der Fermes-Auberges, jener lokaltypischen Bergbauernhöfe, die bäuerliche Tätigkeit und Bewirtung miteinander verbinden. Bei vielen, wenn auch bei weitem nicht allen Bergbauernhöfen stammt ein Großteil der angebotenen Speisen aus eigener Produktion und der Bauernwirt sollte seinen Gästen Lebensweise und Naturschutz der Almwirtschaft nahebringen.

## Deftiges für hungrige Wanderer

Mit stolzen 1233 m ist die **Ferme-Auberge du Haag ①** der höchstgelegene Bergbauerngasthof der Vogesen. Man sieht dem kompakten Steingebäude mit Restaurantanbau an, dass es auch den winterlichen Wetterverhältnissen trotzen kann. Neben Räucherfleisch von den eigenen Rindern und Schweinen werden z. B. eine Munster-Porree-Tarte oder ein Quark mit Kirschen angeboten. Die Hoffners bewirtschaften ihre Almweiden auf biologische Art und halten eine Herde jener schwarz-weiß gefleckten Vogesenkühe, deren alte, aus dem 17. Jh. stammende Rasse um 1970 vom Aussterben bedroht war. Einige wenige Enthusiasten sorgten dafür, dass die robusten, als gute Milchgeberinnen bekannten Tiere überlebten – heute sind sie ein gewohnter Anblick auf den Hochalmen. Die

Auf der **Route du Fromage** kann man Käseproduzenten im Munster-Tal besuchen. Der echte, seit 1969 mit einem AOC-Gütesiegel (seit 1996 AOP) versehene Munster reift mindestens drei Wochen im feuchten und temperierten Keller und wird währenddessen alle zwei Tage umgedreht und gewaschen. Dabei nimmt die zunächst weiße, glatte Rinde einen Gelb- und am Ende einen Orangeton an, das Käseinnere wird immer schmelziger – und der Geruch stärker.

Hoffners stellen ihre Käsespezialitäten wie den Frischkäse Bibelaskass, dicke Laibe Bergkäse und den berühmten Munster her.

## Bergluft schnuppern

Vom Col du Haag vor der Ferme-Auberge gehen mehrere Wanderwege ab. Folgt man der mit »Ferme-Auberge Roedelen« ausgeschilderten Schotterpiste durch den flechten- und moosbewachsenen Laubwald, erreicht man nach 25 Minuten den Col du Roedelen und dem Weg links hinter dem Pass folgend nach weiteren 10 Minuten die weite, offene Grasfläche um den Almhof – es sind die Rinder, die eine Verbuschung dieses Biotops verhindern und so als Landschaftsschützer wirken. Im Juni/Juli blüht hier der seltene Gelbe Enzian. Von den hellgrau verwitterten Bänken vor dem Hof schweift der Blick über grüne Hügel und die elsässische Tief-

*Was für ein Ausblick! Vom Grand Ballon kann man bei gutem Wetter über die Vogesen bis zum Schwarzwald schauen.*

ebene bis zu den verschwommenen Silhouetten des Schwarzwaldes, der seinem Namen alle Ehre macht. Auf dem rot-weiß-rot markierten Wanderweg gelangt man in ca. 20 Minuten zur **Ferme-Auberge Gustiberg 2**, zunächst auf steilem Schotterpfad bergab durch den Wald, bis man auf die offene Fläche um den nächsten Almhof trifft. Das adrette rosafarbene Gebäude und die Sonnenschirme auf der Terrasse zeigen, dass man sich hier recht professionell auf Gäste eingerichtet hat.

### INFOS/ÖFFNUNGSZEITEN

**Rundwanderung:** gute 2 Stunden reine Gehzeit, letzter Abschnitt recht steil, festes Schuhwerk ist erforderlich.
**Parc Naturel Régional des Ballons des Vosges:** Das »Maison du Parc« in Munster führt mit einer interaktiven Ausstellung in die Naturräume, Geologie und Wirtschaft des Regionalparks ein (1, cours de l'Abbaye, 68140 Munster, Mitte Juni–Mitte Sept. Di–So 10–12, 13.30–17.30, Mitte Sept.–Mitte Juni Mo–Fr, So 13.30–17.30 Uhr, www.parc-ballons-vosges.fr).
**Navette des Crêtes:** Der Wandererbus hält an verschiedenen Stationen der Route des Crêtes vom Grand Ballon bis zum Col des Bagenelles. Mitte Juli–Mitte Aug., www.navettedescretes.com, 2 €, Tagesticket 6 €.

### KULINARISCHES FÜR ZWISCHENDRIN

**Ferme-Auberge du Haag 1:** direkt an der Route des Crêtes, 68610 Geishouse, T 03 89 48 95 85, Mitte Jan.–Mitte Dez. Do–Mo 12–21 Uhr, Di nur mittags, Menü 10–20 €.
**Ferme-Auberge Gustiberg 2:** Brennwald, 68121 Urbès, T 03 89 82 75 25, www.gustiberg.fr, April.–Okt. Di–So 12–21 Uhr.

### WANDERERS RUH

**Chalet-Hôtel du Grand Ballon 1:** Die einfachen kleinen Zimmer in der zünftigen, holzgetäfelten Wandererherberge haben nur teilweise Dusche und WC (unterhalb des Gipfels an der Straße, T 03 89 48 77 99, www.chalethotel-grandballon.com, DZ 53–61 €).

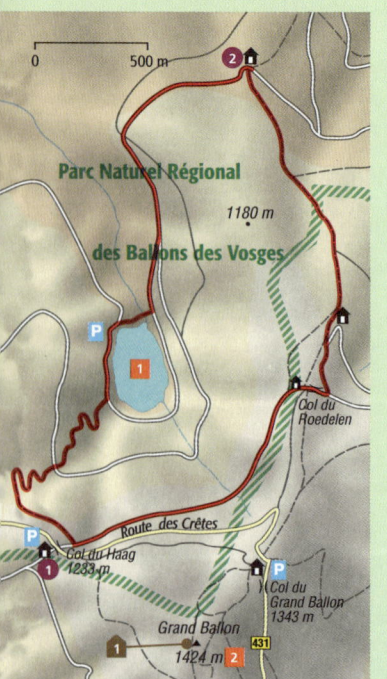

## Zum grünen See

Auf dem Weg mit dem blauen Kreuz wandert man links an der Ferme-Auberge vorbei in den Wald. Rechts unterhalb des breiten, mäßig bergab führenden Wegs rauscht der Abfluss des Stausees, ab August kann man sich von Himbeersträuchern einen zweiten Nachtisch pflücken. Nach 20 Minuten erreicht man den **Lac du Ballon** 1, dessen smaragdgrüne Wasserfläche einen aparten Kontrast zum Tannengrün der Berge ringsum bildet. Baden und Bootsfahren sind verboten, woran sich manch einer nicht hält.

Nun folgt man wieder dem rot-weiß-roten Wanderweg, der nach ca. 7 Minuten entlang des rechten Seeufers, kurz vor dem Ende des Sees, nach rechts vom breiten Uferweg in den Wald abzweigt. In Kehren steigt der gut durchwurzelte, teils steinige Pfad stetig bergan. Das ist schweißtreibend, aber machbar. Nach ca. 35 Minuten trifft der Pfad auf einen breiteren, mit einem gelben Rechteck markierten Weg, der nach weiteren fünf Minuten zum Ausgangspunkt, dem Col du Haag, führt. Auf der Wiese davor blüht die ganze Pracht der Hochvogesen: Johanniskraut, Bergstiefmütterchen, Fenchel, Glockenblumen, Margeriten, Schafgarbe.

*Kuh auf einer Ferme-Auberge müsste man sein!*

## Auf zum Gipfelsturm

Vom Col du Haag kann man auch in etwa einer Stunde auf dem rot-weiß-rot markierten Weg zur kahlen Kuppe des **Grand Ballon** 2 wandern. Mit 1424 m der höchste Vogesengipfel, leidet der ›Große Belchen‹ unter Erosionsproblemen wegen der vielen Besucher. Spätestens auf dem Parkplatz, von dem auch Autofahrer und die Insassen der zahllosen Reisebusse in einer Viertelstunde auf den Gipfel gelangen können, ist es mit der Wanderereinsamkeit vorbei. Vorbei am Denkmal von 1927 für gefallene französische Soldaten, an der bei Umweltschützern umstrittenen Radarstation zur Flugbeobachtung und der Wetterstation gelangt man auf den Gipfel. Weit reicht der Blick über die Tiefebene bis zu den Alpen – bei klarer Sicht, doch kann hier oben noch im Mai dichter, eiskalter Nebel wabern.

*»Über allen Wipfeln ist Ruh...«, seufzt Goethe, seufzen Wanderer. Den Blick von den Spitzkoepfe auf den Lac de Schiessrothried kann man getrost als atemberaubend bezeichnen.*

## IN DER UMGEBUNG

### Ausflug zur Romanik

Jean Egens heiter-melancholische Autobiografie »Die Linden von Lautenbach«, eine Hymne auf das alte Elsass um die Wende zum 20. Jh., spielt in **Lautenbach** (⌂ B 10), nordwestlich von Guebwiller. Die romanische Kirche (tgl. 8–12, 14–20 Uhr) ist für ihre Vorhalle und den teils skurrilen Figurenschmuck berühmt. Nur die edlen, hoch aufragenden Ostpartien der einst mächtigen **Abtei von Murbach** (⌂ B 10) stehen noch in dem stillen Vogesental des kleinen Murbachs – ein Kleinod der elsässischen Romanik mit fein gemeißeltem Baudekor (tgl. 8–19 Uhr). Von hier führen zahlreiche Wanderwege hinauf auf den Grand Ballon.

### Ein Berg als Menschenfresser

Der Col du Silberloch am **Hartmannswillerkopf** (⌂ B 11) oder Vieil Armand liegt nur noch 906 m hoch. Eine kurze Wanderung führt über den französischen Soldatenfriedhof auf den mit einem hellgelben Gipfelkreuz markierten Hügel. Vier Jahre lang war das Felsplateau umkämpfter Stützpunkt der Kontrahenten; Befestigungsanlagen und Schützengräben zeugen von erbitterten Gefechten. Man kann nur vermuten, wie viel giftige Reste des Grabenkrieges hier noch im Boden modern: Granaten, Senfgas, Patronen. Unter dem martialischen Monument National liegen die Gebeine von 12 000 Soldaten, preußische Gebirgsjäger wie französische ›rote Teufel‹, die sich hier in einer der blutigsten Schlachten des Ersten Weltkriegs aus nächster Nähe tot geschossen haben. Die sterblichen Überreste weiterer Zehntausender Gefallener werden noch auf dem Gelände vermutet. Das 2017 eröffnete Mémorial erläutert die Geschichte der Kämpfe: das Reichsland Elsass-Lothringen vor 1914, die Kämpfe an der Vogesenfront, die französische und deutsche Kampforganisation, der Alltag der Soldaten und der Zivilbevölkerung und der Hartmannswillerkopf nach Kriegsende. (www.memorial-hwk. eu, Gedenkstätte Ostern–Okt. tgl. 9.30–12.30, 13.45–17.45 Uhr, Gelände jederzeit frei zugänglich).

# Thann 🗺 B 11

**Die südlichste Stadt sowohl der elsässischen Vogesen als auch der Weinstraße, geschäftig und mit Charme, hat rund 7300 Einwohner. Sie bewacht seit alters her den Eingang zum Tal der Thur, einem der Hauptstandorte der einst florierenden Textilindustrie.**

## Am Ufer der Thur

Besonders stolz sind die Bewohner auf ihre schmucke Stiftskirche, die **Collégiale St-Thiébaut** (Pl. Joffre, tgl. 8–19, im Winter 8–12, 14–18 Uhr). Die filigrane Wallfahrtskirche aus dem 13.–16. Jh. ist ein Juwel der Spätgotik mit drei figurenreichen Portalen und einem kunstvoll geschnitzten Chorgestühl von etwa 1450. Den 76 m hohen, verästelten Turm vollendete Baumeister Remigius Faesch 1516. In der runden **Tour des Sorcières**, dem dicken Hexenturm am Thur-Ufer mit seinem barocken Dach ist ein kleines Weinmuseum untergebracht (Pl. Modeste Zussy, Juni–Sept. Mi–Mo 10–12, 14.30–18.30 Uhr).

## 🏠 Diskreter Charme
**Hôtel du Parc**
Man wähnt sich in einem Louis-Quinze-Schlösschen, doch es ist alles ›nur‹ Neobarock: Stofftapeten, Himmelbetten, bemalte Puttendecken, goldgerahmte Spiegel. Mit Außenpool und modernem Spa.
23, rue Kléber, T 03 89 37 37 47, www.alsace hotel.com, DZ 80–180 €

## 🏠 Allein auf der Alm
**Auberge du Mehrbächel**
Die gemütliche Almabgeschiedenheit lohnt die komplizierte Anfahrt. Einfache Zimmer, auch Familienzimmer, schmackhafte Gebirgsküche.
Route de Geishouse, 68550 St-Amarin (B 10), T 03 89 82 60 68, www.auberge-mehrbachel. com, Restaurant Mo, Do 12–14, Sa/So, Di/Mi 12–14, 18–21 Uhr, DZ 72–85 €, Halbpension pro Person 32 €

## 🚶 Wandern
Westlich von Thann liegt ein beliebtes, recht einsames Wandergebiet der Südvogesen rund um den **Ballon d'Alsace** (🗺 A 11). Ziele sind u. a. der Rossberg (1191 m) auf der Grenze zu Lothringen, der auch mit dem Auto erreichbare Ballon d'Alsace (1247 m), Sewen und der Bergsee Lac de Sewen.

## 🚂 Abdampfen
Im Vallée de Doller fährt der Zug mit Dampf- und Diesellok auf einer 14 km langen Strecke von Cernay nach Sentheim (www.train-doller.org, Juni–Sept. So und feiertags, Abfahrt **Cernay St-André** (🗺 B 11) 10.30, 15, Juli/Aug. auch Mi 10, 14.30 Uhr, hin und zurück 11 €).

## ❶ Infos und Termine
**Office du Tourisme:** 7, rue de la 1ère Armée, 68800 Thann, T 03 89 37 96 20, www.cc-thann-cernay.fr.

Mit drei Dutzend **Skiorten** wie Le Bonhomme am Lac Blanc, La Bresse, Grand Ballon, Ventron und dem besonders familienfreundlichen Schnepfenried, 170 Bergbahnen und Skiliften und über 1000 km Loipen sind die Vogesen ein attraktives, wenn auch nicht hundertprozentig schneesicheres Zentrum des weißen Sports – wie auch anderswo wird daher auch mit Kunstschnee nachgeholfen. Schulen, Ausrüstungsverleih, Nachtski, Snowboard, Skispringen, Biathlon und Hundeschlittenpisten – alles vorhanden, alles möglich in den Vogesen. **Wanderungen mit Schneeschuhen** (raquettes) sind besonders ›in‹. Einen aktuellen Schneebericht erhält man unter www.bulletin-des-neiges. com oder www.skiinfo.fr. Weitere Infos: www.massif-des-vosges.com

# Sommersport –
# Am Lac Blanc

**Die Vogesenseen Lac Vert, Lac des Truites, Lac Noir und Lac Blanc liegen auf der Ostseite der Route des Crêtes ein wenig unterhalb des Bergkamms. Der Lac Blanc ist ein Zentrum für alle möglichen Sportarten vom Klettern im Hochseilgarten bis zum Skifahren.**

Seinen Namen verdankt der auf zwei Seiten von hohen Steilfelsen eingerahmte Lac Blanc, mit 72 m der tiefste der vier Gletscherseen, dem quarzhaltigen Fels, der ihn – hier und da – weiß schimmern lässt. Für Wanderer führen mehrere markierte Wege vom Parkplatz am Ufer in die Natur, beispielsweise gelangt man auf dem mit einem gelben Rechteck versehenen Sentier Cornelius zum Lac Noir.

## In den Bäumen klettern

Im Kletterpark des **Parc d'Aventures** ❶ kann sich jeder halbwegs Trainierte zwischen den Bäumen tummeln und wahlweise als Affe oder Waldelf fühlen. Acht im Schwierigkeitsgrad und in der Höhe gestaffelte Parcours vom ›Kleinen Bären‹ (*Ourson*) für die Vier- bis Siebenjährigen unter elterlicher Aufsicht über den ›Fuchs‹ (*Renard*) für über 12-Jährigen bis zum ›Kaiserparcours‹ für Luchse (*Lynx*) in über 10 m Höhe machen es möglich. Am Anfang steht eine Sicherheitseinweisung, während der man ein Klettergeschirr und einen Helm erhält. Wichtigste Sicherheitsvorkehrung: Immer beide Karabiner des Klettergeschirrs an die Sicherungsdrähte auf dem Parcours einhaken – und wenn man sich bewegt, nur einen lösen. Dann kann der Parcours beginnen, man hangelt sich über kippelnde Balken, an Netzen hoch, über Drahtseile, durch Tonnen oder surrt, im Klettergeschirr sitzend, an einem Drahtseil entlang.

## Mit nackten Füßen

Am Kletterpark-Service-Kiosk begibt man sich, wozu weder Kondition noch Ausrüstung erforderlich sind, auf eine etwa 45- bis 60-minütige Entdeckung für alle Sinne. Nicht nur, dass der unbeschuhte Fuß Kiesel, Sand, Steine, Rindenmulch,

*Geschafft! – Gipfelglück mit Aussicht auf den Lac Blanc*

Waldboden und sämig-schwarzen Matsch kaum gewohnt sein dürfte, mit Hilfe von an der Kasse ausgeteilten Bonbons testet man auch seine Geschmackssicherheit im wörtlichen Sinn, und auch über Tierspuren im Wald gibt es viel zu lernen. Das Waschbecken am Ende des **Barfuß-Spaziergangs** ❷ ist nötig, vor allem wenn man tatsächlich durch die Matschsuhle gestapft ist. Der Wildschweingeruch begleitet einen noch eine Weile danach.

HOCHSEILGARTEN

**Lac Blanc Parc d´Aventures** ❶: ca. 200 m unterhalb der Skistation, dann zu Fuß 100 m bergab von der Auberge-Réfuge le Blancrupt; es ist unerlässlich, zu reservieren (T 03 89 71 28 72, www. lacblancparcdaventures.com, Mai–Sept. Mi, Sa, So 13–16, Juli/Aug. tgl. 10–17 Uhr, 19–23 €, Kinder 10–19 €).
**Sentier pieds nus** ❷: s. o., www. sentier-pieds-nus-lac-blanc.com, Mai, Juni, Sept. Mi, Sa, So 13–16 (jeweils letzter Verkauf), Juli, Aug. tgl. 10–17 Uhr, 6,50 €, erm. 4,50–5,50 €, keine Reservierung nötig.
**Bike Park** ❸: www.lacblanc-bikepark. com, mit Freeride- und Downhill-Pisten für Familien bis Profis, Lift, Rad- und Ausrüstungsverleih (60–90 € pro Tag); unregelmäßige Öffnungszeiten Mai–Sept.

WANDERQUARTIER

**Le Domaine de Pairis** ❶: 233, lieu-dit Pairis, 68370 Orbey, T 06 50 26 53 97, Reservierung über www.booking.com, DZ 80–90 €. Hotel mit zeitgenössisch eingerichteten Zimmern, Mindestaufenthalt zwei Übernachtungen, am Wochenende mit Restaurant.

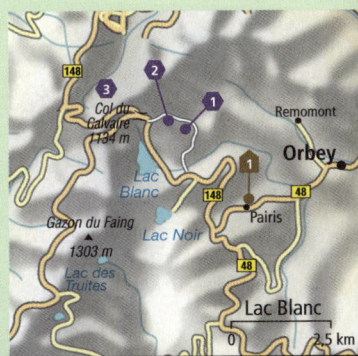

# # 15

# Im Dreiländereck –
# Sundgau

**Im Dreiländereck des Sundgau ist die Großstadt Basel nur ein paar Minuten entfernt. Das glaubt man kaum, wenn man auf einsamen Straßen über sanft hügelige Felder und durch Obsthaine kurvt, idyllische Dörfer erkundet und in den Bergen vor der Schweizer Grenze Burgen erobert.**

Die ländliche Provinz ganz im Süden des Elsass ist nur spärlich besiedelt. **Ferrette** 1 mit seinen immerhin 1000 Einwohnern gilt als das Tor zum Elsässer Jura, dem schönsten Teil des Sundgau. Fotogen und recht steil steigen die teils aus der Renaissance stammenden Häuser der Altstadt von Ferrette zur mittelalterlichen Burgruine der Grafen von Pfirt hin an. Im oberen Teil der Burg Hohenpfirt befinden sich die Ruinen des ehemaligen Donjons aus dem 12. Jh., der, als einer der ersten seiner Art im Elsass, als Wohn- und Verteidigungsturm zugleich diente.

## Beim Käsepapst

In dem beschaulichen, von einem kanalisierten Bächlein durchflossenen Vieux-Ferrette führt die Legende aller Affineurs, Bernard Antony, seinen unauffälligen Laden. Luxushotels aus Hongkong, Drei-Sterne-Köche wie die Haeberlins von der »Auberge de l'Ill«, Millionäre, die mit dem Hubschrauber vorfliegen und ganz normale Käseliebhaber sind Kunden im **Sundgauer Käs Kaller** 🏠. Antonys Kunst und die seines Sohnes Jean-François besteht darin, qualitätsvolle kleine Käsereien auf dem Lande zu finden und deren Rohmilchprodukte dann in seinen Reifekellern zur Perfektion zu bringen. Bei einer Verkostung kann man sich vor Ort vom Erfolg von Antonys Käsesitting überzeugen, zusammen mit leckerem Brot und feinem Wein.

## Baufällig, aber beeindruckend

Wo die sanften Hügel zu den 500–800 m hohen Bergen entlang der Schweizer Grenze ansteigen, liegt die Burgruine des **Château de Morimont** 2.

**KARPFEN**

Der ländliche Sundgau hat eine deftige Leibspeise, den gebackenen Karpfen, der in den vielen Fischteichen der wasserreichen Region großgezogen, »frisch g´metzt«, also geschlachtet, entgrätet, von Bierteig umhüllt in Öl ausgebacken wird. Dazu gibt's meist eine hausgemachte Mayonnaise, Kartoffeln und grünen Salat. Zu rund drei Dutzend Landgasthöfen, die sich zusammengeschlossen haben, weist die ›Straße des gebackenen Karpfens‹ (Route de la Carpe frite, www.carpe-frite.fr) den Weg.

Es wurde im 12. Jh. errichtet, doch die größten Partien stammen vom Ende des 15. Jh., wie man an den sieben mächtigen Rundtürmen sehen kann, die in jener Zeit, als Feuerwaffen geläufig wurden, gegen Artilleriebeschuss befestigt wurden. Morimont ist schon seit Langem wegen Baufälligkeit nicht zu betreten, von einer Plattform vor der Burgmauer aus aber gut zu überblicken.

## Eine Burg fürs Volk

Über dem kleinen Leymen dicht vor der Grenze zur Schweiz liegt **Thannwald** 3 mit seinen alten Höfen und Ställen, blökenden Ziegen und sanft abfallenden Weiden und Streuobstwiesen – ein Jura-Weiler wie aus dem Bilderbuch. Fünf Minuten durch den Wald bringen einen zum **Château Landskron** 4, einer jederzeit zugänglichen Ruine. Der mächtige quadratische Donjon, einziges Überbleibsel der 1297 erbauten mittelalterlichen Burg, scheint direkt aus dem Fels emporzuwachsen. Die heute sichtbaren Bauten stammen mehrheitlich aus der Zeit um 1515, als Kaiser Maximilian die ›Krone des Landes‹ gegen die Feuerwaffen der Schweizer Eidgenossen ausbauen ließ. Heute gehört die Ruine den etwa 1000 Mitgliedern des Vereins »Pro Landskron«, der dieses Wahrzeichen des Leimentals kaufte und vor dem Verfall rettete. »Die Landskron gehörte im Laufe der Jahrhunderte vielen Herren«, schreibt der Verein, »heute gehört sie vielen Leuten!«

INFOS/ÖFFNUNGSZEITEN

**Office de Tourisme:** 3 A, route de Lucelle, 68480 Ferrette, T 03 89 08 23 88, www.sundgau-sud-alsace.fr Sundgauer Käs Kaller: 5, rue de la Montagne, 68480 Vieux-Ferrette, T 03 89 40 42 22, Mo–Fr 10–12, 14–17, Sa 10–15 Uhr.

IN FREMDEN BETTEN

**Le Morimont** 1: Routes de Ruines du Morimont, 68480 Oberlarg, T 03 89 40 88 92, www.lemorimont.com, DZ 80–105 €. Zeitgenössisch-rustikale Zimmer mit Mosaikbädern, Restaurant im Wintergarten.
**Auberge et Hostellerie Paysanne** 2: 1, rue de Wolschwiller, 68480 Lutter, T 03 89 40 71 67, www.auberge-hostellerie-paysanne.com, DZ 68–90 €. Mit Fachwerk und antiken Möbeln.

Faltplan: C/D 13/14

# Hin & weg

**Mit dem Flugzeug:** Der kleine Internationale Flughafen Strasbourg-Entzheim liegt 16 km südwestlich vom Stadtzentrum (T 03 88 64 67 67, www.strasbourg.aeroport.fr). Vom Flughafen in die Stadt: Bis 4 x stdl. (5.30–22 Uhr) fährt ein Shuttlezug zum Gare Centrale (9 Min., 2,70 €). Bis zum letzten Flieger um 23 Uhr stehen Taxis bereit, die etwa 30 € für die Fahrt nehmen.

**Mit der Bahn:** Straßburg liegt im Zentrum des elsässischen Schienennetzes. Zwischen Straßburg, Mulhouse und Basel verkehren regionale Hochgeschwindigkeitszüge. Direkt reist man z. B. von Basel, Frankfurt, Ulm, Augsburg, München, Stuttgart, Wien oder Zürich nach Straßburg, ansonsten mit Umsteigen in Karlsruhe oder Offenburg. Besonders günstig sind Frühbucher-Tickets für ICE oder TGV, buchbar frühestens drei Monate und spätestens drei Tage vor Fahrtantritt unter dem »Sparpreis-Finder« auf www.bahn.de. Informationen über Bahnverbindungen aus Österreich und der Schweiz: www.oebb.at, www.sbb.ch.

**Mit dem Auto:** Wer von Norden kommt, sollte die A 65 nehmen (mit einem kurzen Stück Landstraße zwischen Kandel und Lauterbourg). Die wenig befahrene A 35 nach Straßburg ist der immer vollen A 5 auf deutscher Seite vorzuziehen. Von der Schweiz ist es nur ein Katzensprung nach Mulhouse und in den Sundgau.

## EINREISEBESTIMMUNGEN

Für EU-Staatsbürger und Schweizer reicht der Personalausweis, Kinder benötigen ein eigenes Reisedokument. Achtung: Mit einem alten Führerschein kann man Probleme bekommen, am besten besorgt man sich den EU-Führerschein im Scheckkartenformat. Hunde und Katzen brauchen eine gültige Tollwutimpfbescheinigung. Tiere im Alter von unter drei Monaten dürfen nicht mitgenommen werden.

## INFORMATIONSQUELLEN

**Französische Tourismusämter:** Infomaterial und Broschüren erhält man bei Atout France, https://de.france.fr/de
**… in Deutschland:** Postfach 10 01 28, 60001 Frankfurt/M., info.de@atout-france.fr
**… in Österreich:** info.at@atout-france.fr
**… in der Schweiz:** kein Büro, nur online: ch.france.fr

**Im Internet**
**www.tourisme-alsace.com:** Gute Website des elsässischen Tourismusvereins, auf Deutsch. Sonder- und Pauschalangebote, ein Tages- und Jahresveranstaltungskalender, ausführliche Infos zu allen Sportarten, zu Kultur, Gastronomie, Unterkunft, Führungen und Adressen der Tourismusvereine.
**www.haute-alsacetourisme.com:** Homepage des Fremdenverkehrsvereins des Départements Haut-Rhin, Buchung, Veranstaltungskalender u.v.m., auch auf Deutsch.
**www.vinsalsace.com:** Homepage der Winzervereinigung mit Infos zu Weinlehrpfaden, Weinfesten, Weinbruderschaften, Winzern, Rebsorten, prämierten Weinen, auf Französisch.
**www.route-des-vins-alsace.com:** Umfangreiche Tourismusinformationen zur elsässischen Weinstraße.
**www.dna.fr:** Internetausgabe der größten elsässischen Zeitung »Dernières Nouvelles d'Alsace«, straßburgzentriert und hauptsächlich für das Département Bas-Rhin, Aktuelles aus aller Welt und aus der Region, Veranstaltungen, Wetterbericht; auf Französisch.

**www.grandest.fr:** Website der Verwaltungsregion Grand Est mit aktuellen Bildern, Infos zu Geschichte, Verwaltungsaufbau, Politik, Tourismus, Verkehr, Wirtschaft.

## KLIMA UND REISEZEIT

Das Klima ist gemäßigt und halbkontinental mit heißen, in der Tiefebene häufig schwülen Sommern und recht kalten Wintern. An den Westhängen der Vogesen regnen sich die meisten Tiefausläufer ab, sodass in der restlichen Region weniger Regen fällt. Colmar hat die geringsten Niederschlagsmengen von ganz Frankreich! An den geschützten Vogesenvorbergen und im Rheinischen Graben gibt es jeden Sommer neue Hitzerekorde. Oben auf den Vogesen weht dann meist noch ein kühles Windchen. Bis in den Mai hinein liegt Schnee in den höheren Gebirgsregionen wie um die Route des Crêtes. Das Elsass hat eigentlich immer Saison. In der Hochsaison in Juli/August wird es auf dem Straßburger Münsterplatz, in der Colmarer Altstadt, in Kaysersberg und auf der Route des Crêtes voll. Allerdings ist das Wandern auf den Hochweiden dann auch besonders schön, und abseits der Straße bleiben Wanderer zwar nicht allein, aber doch recht ungestört. Wer es einrichten kann, abseits der Schulferien zu kommen, findet mit Frühling und Herbst geeignete Jahreszeiten für eine Tour ins Elsass. Auch die Vorweihnachtszeit, wenn in fast allen elsässischen Orten Weihnachtsmärkte stattfinden, wird bei Reisenden immer beliebter. Die vielfältigen Kulturangebote und der Wintersport auf den Vogesenhöhen sorgen gleichzeitig dafür, dass man auch im Winter einen erlebnisreichen Elsass-Urlaub verbringen kann.

## REISEN MIT HANDICAP

In der jährlich aktualisierten kostenlosen Broschüre »Hôtels & Restaurants«, die bei den Tourisbüros erhältlich ist, weisen blau-gelbe Logos auf Häuser hin, die speziell für Körperbehinderte, geistig Behinderte, Sehbehinderte bzw. Hörbehinderte eingerichtet sind. Dies sind meist neue Häuser sowie Kettenhotels. Weitere Infos bei Atout France (de.france.fr/de) unter der Rubrik »Barrierefreies Reisen« und bei www.tourisme-alsace.com unter »Praktische Informationen/ Barrierefreier Tourismus«.

*Wer es auf Reisen auch mal entschleunigt mag, dem sei der Sundgau ans Herz gelegt. In der ländlichen Provinz ganz im Süden des Elsass geht das Leben noch beschaulicher und gemächlicher zu.*

## SPORT & AKTIVITÄTEN

Informationen finden Sie bei Atout France (de.france.fr/de) sowie auf www.tourisme-alsace.com unter »Ihr Elsass/Aktivitäten«.

**Golf:** Die sechs Golfplätze von Soufflenheim, La Wantzenau bei Straßburg, Ammerschwihr, Rouffach, Wittelsheim und Mooslargue haben sich zu einem Verband zusammengeschlossen (www.golfsinalsace.com). Darüber hinaus gibt es die Möglichkeit, in Le Kempferhof bei Straßburg (www.kempferhof.fr) und im Sundgau (www.golf-lalargue.com) die Eisen zu schwingen.

**Hochseilgärten/Abenteuerparks:** Der Vogesenwald bietet Hochseilgärten beste Möglichkeiten, ihre Drahtseilrutschen und Baumstege aufzubauen. In Ostwald bei Straßburg finden Sie Natura Parc, www.naturaparc.com, am Grand Ballon den Acroparc, www.naturaparc.com, bei Nideck Arbr´Ascension (▶ S. 57) und am Lac Blanc den Parc d´Aventures (▶ S. 104).

**Luftsport:** Im Umkreis der Route des Crêtes herrschen die nötigen Bedingungen, um mit Ballon oder Gleitschirm in die Luft zu gehen. Aérovision, 34, chemin de la Speck, Colmar, T 03 89 77 22 81, www.aerovision.aero. Trotz Stammadresse in Colmar gehen die Fahrten, z. B. ein halber Tag mit Frühstück für 280 €, im Munstertal los. Centre Ecole du Markstein, Chalet Le Point, Le Markstein, T 03 89 82 17 16, www.centreecolemarkstein.com: Die erfahrene Crew bietet Kurse zum Gleitschirmfliegen und einen Flug im Zweisitzer ohne Vorkenntnisse an (biplace, 90 €). Übernachtung mit Frühstück für 20 € gibt es im Chalet.

**Pferdesport:** Das Elsass wird von mehreren Hundert Kilometern Reitwegen durchzogen. Vor allem in den Vogesen und in den Touristenorten werden Kutsch- und Pferdewagenfahrten angeboten. Auf der Website der regionalen Pferdesportorganisation, www.cregrandest.fr, findet man Infos zu Rund-Reitwegen und Reiterhöfen.

**Radwandern und Mountainbiking:** Mit an die 2500 km Fahrradwegen ist das Elsass eine der privilegiertesten Regionen Frankreichs für Radler oder Geländeradfahrer (VTT). Besonders gut ausgebaut sind die Wege in und um Straßburg; die »Véloroute du Vignoble« führt über eine Strecke von 140 km durch die Weinberge. Sportliche Biker kommen im Munstertal und in den bis über 1400 m hohen Südvogesen auf ihre Kosten, mittelschwere Touren führen durch das Hügelland des Kochersbergs, die Täler der Nordvogesen oder das hügelige Radlerparadies Sundgau. Für gemütliche Familientouren eignet sich die Tiefebene, besonders um Sélestat. Überall in den Vogesen gibt es gekennzeichnete Wege für Geländetouren – bitte auf den Wegen bleiben! Die Broschüren »Mit dem Fahrrad durch das Unterelsass« und »Mountainbiking im Unterelsass« enthalten Routenvorschläge, Adressen der Fahrradverleiher, Unterkünfte und Gepäcktransport im Département Bas-Rhin. Für das Département Haut-Rhin findet man unter http://cyclos68.free.fr exakte Routenvorschläge und die Fahrradclubs des Départements. Eine 420 km lange Tour von Norden nach Süden durch das Vogesenmassiv mit dem Geländerad auf der »Traversée du Massif Vosgien« erläutert www.tmv-alsace-vtt.com. Fahrradfreundliche Unterkünfte, die teils auch den Gepäcktransport anbieten, findet man unter www.radfahrenimelsass.de. **E-Bike:** Rund 50 Leihstellen bietet das elsässische Netz Movelo, Infos über www.ebike-holiday.com/elsass.

**Wandern:** ... ist die klassische Sportart im Elsass. Ein Netz von gut markierten Wanderwegen des 1872 gegründeten Club Vosgien, des ältesten französischen Wandervereins, erschließt das Elsass. Der Schwerpunkt liegt, wie man sich denken kann, in den Vogesen bzw. den beiden Regionalparks (www.

*Wo geht's nochmal lang? Auch bei einem hervorragend ausgebauten Wandernetz kann eine Karte nie schaden.*

parc-vosges-nord.fr, www.parc-bal lons-vosges.fr). Die auf den Wanderzeichen angegebenen Wanderzeiten (reine Gehzeit) sind korrekt für durchschnittlich zügige Wanderer. Festes Schuhwerk und vernünftige Regenkleidung sind ratsam, vor allem in den Südvogesen kann es zu plötzlichen Nebelbildungen kommen – dann ist auch ein Kompass unerlässlich. Das Angebot reicht vom einstündigen Spaziergang bis zu Mehrtageswanderungen. So führt z. B. der Fernwanderweg GR 5 *(sentier de grande randonnée)* von Masevaux über Ribeauvillé zum Donon.
Als Wanderkarten eignen sich die »Top 25« vom Club Vosgien im Maßstab 1:25 000 sowie die IGN-Karten (www. ign.fr) des Institut National Géographique im selben Maßstab. Zeitschriften- und Papierwarenläden, viele Touristengeschäfte und in kleineren Orten der Lebensmittelhändler oder die Hotels verkaufen die entsprechenden Karten für die lokalen Wandergebiete – und natürlich der Club Vosgien, www.club-vosgien.eu.

**Wassersport:** Das Elsass ist von vielen Wasserläufen durchzogen, die man mit Ruderbooten, Kanus und Kajaks erkunden kann. Reviere und Clubs findet man beim elsässischen Wassersportverein Ligue d'Alsace de Canoë-Kayak, www.

crck.org/alsace. Für die Tiefebene vermietet Alsace Canoes Kanus in Grussenheim bei Sélestat, http://alsace canoes.free.fr sowie Canoes du Ried in Sélestat, http://canoes-du-ried.com.

**Wintersport:** ▶ S. 103

### ÜBERNACHTEN

Alle französischen Hotels sind mit Sternen klassifiziert, die nach Ausstattung und Komfort, nicht nach ästhetischen Gesichtspunkten vergeben werden. Die Preise gelten für ein Doppelzimmer ohne Frühstück, Einzelzimmer sind meist nur unwesentlich oder gar nicht billiger. Die meisten Hotels bieten verschieden luxuriöse Zimmer zu unterschiedlichen Preisen und je nach Saison gestaffelte Tarife an. Wer die günstigen bekommen will, muss frühzeitig reservieren. Viele Hotels bieten Sonderpreise bei Internetbuchung.

**Stadt oder Land?:** In den Städten mit ihrem breiten Angebot an Kultur- und Nachtleben sind die Preise am höchsten. Preis-Spitzenreiter ist Straßburg. Für Rundreisen empfehlen sich mittelgroße Orte wie Wissembourg fürs Nordelsass, Ottrott, Kientzheim oder Colmar für die

Weinstraße. Hier ist das touristische Angebot gut, die Preise sind erträglich, die Entfernungen ohnehin nicht groß.

**Frühstück extra:** Das *petit déjeuner* fällt mit Kougelhopf, Croissants, Blätterteiggebäck, Wurst und Käse meist reichhaltiger als sonst in Frankreich aus, schlägt jedoch zusätzlich mit 7–20 € zu Buche. Viele Hotels bieten Frühstück als Buffet an. Hier setzt sich immer mehr ein internationales Frühstück mit Spiegelei und Schinken durch. In manchen Chambres d'Hôtes und individuellen Hotels kann man sich morgens an selbstgemachten Konfitüren und Eiern hauseigener freilaufender Hühner laben.

**Jugendherberge:** Elsässische Jugendherbergen *(auberge de jeunesse)* gibt es u.a. in Colmar, Mulhouse und Straßburg (www.tourisme-alsace.com/de/jugendherbergen). Besonders feudal kommt man in Saverne unter, wo die Jugendherberge in einem Flügel des Rohan-Schlosses untergebracht ist. Die Übernachtung im Schlafsaal kostet ab etwa 10 €. Man benötigt einen internationalen Jugendherbergsausweis.

*Zwei, die zusammengehören:*
*Wein und Elsass*

**Campingplätze:** Bei den Fremdenverkehrsämtern gibt es die Broschüre »Guide des campings d'Alsace«, im Internet unter http://de.camping-alsace. com auch eine Buchungsmöglichkeit. Die meisten der über 100 Plätze, klassifiziert mit ein bis vier Sternen, sind nur während der Hauptsaison geöffnet. Auch unter www.gites-de-france-alsace. com findet man Campingplätze.

**Chambres d'hôtes:** Bed & Breakfast auf Elsässisch: Mehr als in anderen französischen Regionen bieten im Elsass Privatpersonen – u. a. Winzer und Bauern – Übernachtungen mit Frühstück an. Die Zimmer können einfach mit fließend kaltem/warmem Wasser, aber auch kleine Suiten mit ausgefallenem Wohndesign sein. Chambres d'hôtes (Gästezimmer) gibt es vor allem in den Weinorten, den Ackerbauorten der Ebene und den Vogesendörfern. Freundlicher Empfang, ein Schwätzchen und Beratung bei der Urlaubsplanung vor Ort sind ebenso inbegriffen wie das Frühstück. Infos und Buchung unter www.gites-de-france-alsace.com.

**Ferienwohnungen (Gîtes):** *Gîtes ruraux*, Wohnungen oder ganze Häuser auf dem Land, werden in der Saison wochenweise (Sa bis Sa), in der Nebensaison auch oft für ein Wochenende oder tageweise vermietet. Die Einrichtung ist einfach, meist rustikal und in braunen Farben gehalten. In den allerwenigsten Fällen findet man ein modernes Design vor. Die Preise differieren je nach Saison, Ausstattung (ein bis vier Ähren, épis) und Belegkapazität von etwa 200 bis über 800 €. Infos und Buchung erfolgen über unter www.gites-de-france-alsace. com. Die meisten Ferienorte bieten zudem eine Broschüre über lokale Anbieter an, die nicht alle unter »Gîtes de France« firmieren und deshalb nicht über deren Homepage zu finden sind.

## VERKEHRSMITTEL

**Mit öffentlichen Verkehrsmitteln**
Das Elsass hat ein ausgezeichnet ausgebautes Schienennetz. Zwischen Straßburg, Mulhouse und Basel gibt es regionale Hochgeschwindigkeitszüge, die bis zu 200 km/h schnell sind. So erreicht man Straßburg von Mulhouse aus in nur 50 Min. Innerfranzösische Fahrkarten müssen auf den Bahnhöfen in den orangefarbenen *composteurs* entwertet werden. Unter www.ter.

sncf.com/grand-est findet man alle Fahrpläne und Tarife und kann seine Tickets ausdrucken. Auf der Website www.fluo.eu findet man zusätzlich zu allen Bahnverbindungen auch sämtliche Stadt- und Überlandbusse mit Fahrplan und Tarif und kann sich ebenfalls Tickets ausdrucken. Von einigen größeren Bahnhöfen wie Straßburg, Colmar, Mulhouse, Sélestat, Molsheim und Saverne verkehren Busse auch in entlegene Gebiete.

**Mit dem Auto**
Das Elsass hat ein überdurchschnittlich gut ausgebautes Straßennetz. Für die lokalen Autobahnen ist im Gegensatz zum übrigen Frankreich bis auf Teilstücke vor den Grenzen nach Lothringen keine Gebühr *(péage)* zu entrichten. **Verkehrsregeln:** Die Promillegrenze liegt bei 0,5. Die Höchstgeschwindigkeit beträgt außerhalb geschlossener Ortschaften 90, auf Straßen mit zwei Fahrstreifen in jeder Richtung 110, auf Autobahnen 130, in geschlossenen Ortschaften 50 km/h. Gelbe Streifen am Fahrbahnrand bedeuten Parkverbot.

Knöllchen wegen überhöhter Geschwindigkeit fallen hoch aus.

## SICHERHEIT UND NOTFÄLLE

Lassen Sie nie, vor allem nicht auf den Parkplätzen der vielbesuchten Sehenswürdigkeiten oder an der Route des Crêtes, wertvolle Gegenstände im Auto liegen. Im Gedränge auf dem Straßburger Kathedralplatz oder in der Colmarer Altstadt, auch in Kirchen, operieren häufig Taschendiebe. Ansonsten ist das Elsass, vor allem auf dem Land, relativ sicher.
**Kreditkartenverlust:** zentrale Nummer auch bei Verlust von Handy-, Bank- und **Bankkarten, 0049/116 116.**
**Diplomatische Vertretungen:**
Deutschland, T 03 88 24 67 00;
Österreich, T 03 88 35 13 94;
Schweiz, T 03 88 35 00 70.
**Polizei:** 17
**Feuerwehr:** 18
**Ambulanz:** 15
**Pannenhilfe:** 0800 08 92 22 (kostenlos, deutschsprachig)

## WEIHNACHTEN (NOËL)

Eine breite Palette von Veranstaltungen findet im Dezember statt: Konzerte, Weihnachtsliedersingen, Krippen, auch sogenannte ›lebende‹ Krippen mit Schauspielern, Führungen, Nikolausumzüge, z. B. in Sélestat, kulinarische Probiertage und **Mitternachtsmetten**. Besonders festlich sind diese im Straßburger Münster, in Thann und Colmar.
Im Gegensatz zum übrigen Frankreich wird im Elsass mit seinen alemannischen Traditionen Weihnachten groß gefeiert. Allerorten gibt es stimmungsvolle **Christkindlmärkte** mit Glühwein und Weihnachtsgebäck, z. B. in den Städten Straßburg, Kaysersberg, Thann, Colmar, Wissembourg (berühmt für den riesigen Adventskranz), Wangenbourg-Engenthal, Bouxwiller und Sélestat. Zu **Nikolaus** werden die *Männele* gebacken, ofenfrische Nikolausmännchen aus Hefeteig mit Rosinen. Die Kinder bekommen Besuch vom Nikolaus, dem Christkind ganz in Weiß mit der kerzengeschmückten Tannenkrone und dem schwarzen »Hans Trapp«. Letzterer ist die elsässische Variante von Knecht Ruprecht. Sein Maultier heißt in der Region Peckeresel. Der weihnachtliche **Tannenbaum**, der zunächst nur mit Äpfeln behangen war, ist eine elsässische Erfindung vom Ende des 18. Jh. Mitte des 19. Jh., schließlich kreierten einige Glasbläser von Meisenthal in den Nordvogesen den ersten nicht essbaren Weihnachtsbaumschmuck.
Mehr Infos dazu unter: https://noel.tourisme-alsace.com/de.

# O-Ton Elsass

**Salut bisame**

Hallo miteinander

*Wellkumma!*

Willkommen!

VIELMOLS MERCI!

Danke sehr!

**Mir rede au Elsassisch:
Ja fer unseri Sproch!**

Wir sprechen auch Elsässisch:
Ja zu unserer Sprache!

TRINK ELSÄSSER
WIN, NOH WURSCH
SEELIG.

Trink Elsässer Wein, dann wirst du selig.
*Im Sinne von: Dann geht es dir gut.*

**Nooch em Raje schiint d'Sunn**

Nach Regen scheint
die Sonne

*Krütt un Krütt isch zweierlei*

Kraut und Kraut ist zweierlei.
*Man sollte nicht alles über einen Kamm scheren.*

S'WASSR LOIFT NIT
D'BARRI NUFF

**D'Gesundheit kummt mi 'em
Esse.**

Das Wasser läuft nicht den Berg hinauf.
*Immer mit der Ruhe!*

Die Gesundheit kommt mit
dem Essen.

# Register

### Das Klima im Blick
Reisen bereichert und verbindet Menschen und Kulturen. Wer reist, erzeugt auch $CO_2$. Der Flugverkehr trägt mit bis zu 10 % zur globalen Erwärmung bei. Wer das Klima schützen will, sollte sich – wenn möglich – für eine schonendere Reiseform entscheiden oder die Projekte von atmosfair unterstützen. Flugpassagiere spenden einen kilometerabhängigen Beitrag für die von ihnen verursachten Emissionen und finanzieren damit Projekte in Entwicklungsländern, die dort den Ausstoß von Klimagasen verringern helfen (www. atmosfair.de). Auch die Mitarbeiter des DuMont Reiseverlags fliegen mit atmosfair!

## Abbildungsnachweis

### Kartografie

DuMont Reisekartografie, Fürstenfeldbruck
© DuMont Reiseverlag, Ostfildern

### Umschlagfotos

Titelbild: Herbstliche Weinfelder bei Sonnenuntergang auf der elsässischen Weinroute
Umschlagklappe hinten: Der Käse wird auf seine Reife hin geprüft

**Hinweis:** Autorin und Verlag haben alle Informationen mit größtmöglicher Sorgfalt geprüft. Gleichwohl sind Fehler nicht vollständig auszuschließen. Alle Angaben erfolgen ohne Gewähr. Bitte schreiben Sie uns! Über Ihre Rückmeldung zum Buch und Verbesserungsvorschläge freuen sich Autorin und Verlag:
**DuMont Reiseverlag,** Postfach 3151, 73751 Ostfildern,
info@dumontreise.de, www.dumontreise.de

2., aktualisierte Auflage 2020
© DuMont Reiseverlag, Ostfildern
Alle Rechte vorbehalten
Autorin: Gabriele Kalmbach, mit Beiträgen von Susanne Tschirner
Redaktion/Lektorat: Sabine Zitzmann-Starz, Ulrike von Düring
Bildredaktion: Nadja Gebhardt
Grafisches Konzept: Eggers+Diaper, Potsdam
Printed in China

FSC
www.fsc.org
MIX
Papier aus verantwortungsvollen Quellen
FSC® C124385

# Kennen Sie die?

### Frédéric-Auguste Bartholdi

Bekanntestes Werk des Bildhauers (1834–1904) aus Colmar ist die Freiheitsstatue auf Liberty Island bei New York. Die Statue wurde in Paris gefertigt und in Einzelteilen nach Amerika transportiert.

### Tomi Ungerer

Der Künstler, bekennender Elsässer und Enfant terrible zugleich (1931–2019), hat sich in seinen Karikaturen häufig Gedanken über seine Heimat im Spannungsfeld zwischen Deutschland und Frankreich gemacht.

### Elli Heuss-Knapp

Die Frau des ersten deutschen Bundespräsidenten wurde in Straßburg geboren. Ihre Karriere als Politikerin wurde 1933 von der NSDAP durch ein Auftrittsverbot abrupt gestoppt.

### René Lalique

Der bekannteste Schmuck- und Glaskünstler des Jugendstils und des Art déco eröffnete Anfang der 1920er-Jahre eine Glasmanufaktur in Wingen-sur-Moder, bis heute Produktionsstandort des Unternehmens.

### Storch

Anfang der 1980er-Jahre gab es kaum noch Störche im Elsass. Heute nisten wieder an die 800 Paare des Elsässer Wappentiers in riesigen Nestern, ob in Dörfern oder eigens angelegten Parks.

### Marie Tussaud

Die französische Wachsbildnerin wurde 1761 in Straßburg geboren und starb 1850 in London. Schon mit 17 schuf sie das erste lebensgroße Modell, ein Porträt von Voltaire.

### Christine Ferber

Das Elsass ist die Heimat vieler großer Pâtissiers und Chocolatiers. Unter ihnen gilt Christine Ferber aus Niedermorschwihr als »Königin der Konfitüre«.

### Hans Arp

Maler, Grafiker, Bildhauer (1886–1966), Vertreter des Dadaismus & Surrealismus. Mit deutschem Vater und elsässisch-französischer Mutter wuchs er dreisprachig auf.

### Heilige Odilia

Schutzpatronin des Elsass, kam um 660 blind zur Welt, erlangte bei der Taufe das Augenlicht. Sie starb im Kloster Niedermünster am Fuß des Odilienbergs.